접객의 일류, 이류, 삼류

접객의
일류,
이류,
삼류

시치조 치에미 지음
이지현 옮김

SEKKYAKU NO ICHIRYU, NIRYU, SANRYU
© CHIEMI SHICHIJYOU 2016
Originally published in Japan in 2016 by ASUKA PUBLISHING INC.,TOKYO.
translation rights arranged with ASUKA PUBLISHING INC.,TOKYO through
TOHAN CORPORATION, TOKYO and EntersKorea Co., Ltd., SEOUL.

이 책의 한국어판 저작권은 (주)엔터스코리아를 통해 저작권자와 독점 계약한 지상사에 있습니다.
저작권법에 의하여 한국 내에서 보호를 받는 저작물이므로 무단전재와 무단복제를 금합니다.

들어가며

당신은 고객 응대, 즉 접객(接客)을 좋아하는가?
아니면 접객은 어렵고 힘들다며 속앓이를 하고 있는가?

나는 18년간 일본 항공주식회사(JAL)에서 객실 승무원(CA)으로 근무하며 100여만 명 이상의 고객을 만나왔다.
지금이야 이런 책을 쓸 수 있는 자리에 올랐지만 사실 접객을 하면서 겪었던 수많은 어려움과 고민, 고충 그리고 현역 시절에 저질렀던 실수는 이루 말할 수 없다.

- 적절한 타이밍을 엿보고 고객에게 말을 걸었지만 노여움을 샀다.
- 고객이 요청한 것을 깜빡 잊고 가져다주지 못했다. 뒤늦게 알아차리고 가져다주면서 사과했지만 받아주지 않았다.
- 고객의 이름을 잘못 불러서 분위기를 망쳤다.

● 의뢰받은 고객의 얼굴을 잊어버리고 말았다.

이런 실수담은 책 한 권을 써도 모자랄 정도다.
그런데 이런 악전고투의 나날을 거듭하면서 점차 답이 보이기 시작했다. 그리고 2010년에는 서비스 훈련 교관을 맡게 되었고, 1,000명 이상의 객실 승무원을 지도했다.
지금은 일본 항공을 퇴사하고 여러 기업에서 서비스 매너를 주제로 연수와 강연을 하고 있다.

이런 내가 찾아낸 답은 '접객에 정답은 하나가 아니다'라는 것이다. 또한 정답을 결정할 수 있는 사람은 나도 아니고 당신도 아니라는 것이다.
바로 단 한 사람, 당신의 눈앞에 서 있는 고객뿐이다.
이 책을 통해서 나는 그동안 수많은 사례를 통해 고객의 예민한 감정을 파악하는 방법을《접객의 일류, 이류, 삼류》라는 독특한 형식으로 설명하고자 한다.

나는 접객의 쓴맛, 단맛을 다 봤는데, 여전히 접객은 즐거운 일이라고 생각한다.
이 책이 접객을 좋아하는 사람에게는 더 멋지게 활약하는 힌트가 될 수 있기를 접객이 어려워서 고민하는 사람에게는 해결

책을 찾고 마음의 안정을 얻을 수 있는 계기가 되기를 진심으로 바란다.

자, 그럼 끝까지 나와 동행해 주겠는가?

주식회사 GLITTER STAGE 대표이사
시치조 치에미

차례

들어가며 • 005

CHAPTER 1 일류의 '사고방식'은?

◆ **고객은 신(神)인가?** · 018
    삼류는 '기다리게 하면 안 되는 사람'이라고 생각하고
        이류는 '신'이라고 생각하고
            일류는 어떤 사람이라고 생각할까?

◆ **매뉴얼 취급** · 022
    삼류는 매뉴얼조차도 '대충대충' 따르고
        이류는 매뉴얼에 '집착'하고
            일류는 어떻게 할까?

◆ **상품에 관한 지식** · 026
    삼류는 '아마도'라고 설명하고
        이류는 외운 것을 '완벽하게' 재현하고
            일류는 어떻게 설명할까?

◆ **일에 대한 의식** · 030
    삼류는 '하고 싶은 마음이 들 때' 공부하고
        이류는 '책이나 인터넷'을 통해서도 공부한다
            일류는 어떻게 공부하고 배울까?

◆ 감동 · 034
　　삼류는 '매뉴얼이 제시하는 감동'을 생각하고
　　　　이류는 '최고의 감동'을 목표로 삼는다
　　　　　　일류는 어떻게 생각할까?

◆ 온/오프의 전환 · · · · · · · · · · · · · · · · · 038
　　삼류는 온/오프의 '경계가 없는' 접객을 하고
　　　　이류는 '유니폼을 벗으면' 오프로 전환한다
　　　　　　일류는 어떻게 할까?

◆ 라이벌과의 거리감 · · · · · · · · · · · · · · 042
　　삼류는 라이벌을 '이기려고' 하고
　　　　이류는 라이벌의 장점을 '모방'한다
　　　　　　일류는 어떻게 할까?

◆ 누가 주역인가? · · · · · · · · · · · · · · · · · 046
　　삼류는 '상사'를 따르고
　　　　이류는 '자신'을 따른다
　　　　　　일류는 누구를 따르나?

◆ 일의 목적 · 050
　　삼류는 '월급'만이 목적이고
　　　　이류는 '고객의 웃는 얼굴'이 목적이다
　　　　　　일류는 어떤 것을?

CHAPTER 2 일류의 '외모의 힘'은?

◆ **표정** · 056
  삼류는 '무표정'일 때가 많고
  　이류는 의식이 끊기면 '평소의 얼굴'로 돌아온다.
  　　일류는 어떻게?

◆ **웃는 얼굴** · 060
  삼류는 '즐거울 때'만 웃고
  　이류는 '항상' 웃는다
  　　일류는 어떻게 할까?

◆ **몸가짐** · 064
  삼류는 '시키는 대로' 하고
  　이류는 '스스로 알아서' 정비한다
  　　일류는 어떻게 할까?

◆ **건네는 방법** · 068
  삼류는 '떨어뜨리지 않도록' 건네고
  　이류는 '타이밍 좋게' 건넨다
  　　일류는 어떻게 건넬까?

◆ **자세** · 072
  삼류는 항상 '등이 구부정한 자세'를
  　이류는 '불쾌함을 주지 않는 자세'를 취한다
  　　일류는 어떤 자세일까?

◆ 체형 관리 · 076
    삼류는 '유니폼만 맞으면 된다'고 생각하고
        이류는 '마른 체형이 좋다'고 생각한다
            일류는 어떻게 생각할까?

◆ 품행 · 080
    삼류는 '세련되지 못한' 품행을
        이류는 '상대방을 배려하는' 품행을 보인다
            일류는 어떤 품행을?

◆ 눈맞춤(eye contact) · · · · · · · · · · · · · · · · · 084
    삼류는 시선을 상대방의 '손 주변'에 두고
        이류는 시선을 상대방의 '얼굴'에 둔다
            일류는 시선을 어디에 둘까?

CHAPTER 3 일류의 '통찰력'은?

◆ 기분을 알아차리는 힘 · · · · · · · · · · · · · · · · 090
    삼류는 고객이 '말을 걸어오면' 응대하고
        이류는 고객이 '말을 걸기 전과 후'에 응대한다
            일류는 어떤 응대를 할까?

◆ 불공평하지 않으려면 · · · · · · · · · · · · · · · · · 094
    삼류는 '눈앞'의 고객만 살피고
        이류는 '단골' 고객만 살핀다
            일류는 누구를 살필까?

◆ **서프라이즈 연출** · **098**
    삼류는 '규칙에 따라서' 연출하고
        이류는 '고객의 만족도'를 살핀다
            일류는 무엇을 살필까?

◆ **고객의 표정** · **102**
    삼류는 고객의 '얼굴'을 막연하게 쳐다보고
        이류는 고객의 '표정'을 살핀다
            일류는 무엇을 볼까?

◆ **고객의 몸짓** · **106**
    삼류는 고객이 '말'을 걸면 알아차리고
        이류는 고객이 '손'을 들면 알아차린다
            일류는 무엇으로 알아차릴까?

◆ **소리** · **110**
    삼류는 고객의 '말'에 귀를 기울이고
        이류는 고객의 '목소리 톤'에 귀를 기울인다
            일류는 무엇에 귀를 기울일까?

◆ **체감 온도** · **114**
    삼류는 '매뉴얼대로' 설정하고
        이류는 '자신의 체감 온도'를 기준으로 삼는다
            일류는 무엇을 기준으로 삼을까?

◆ **후각을 활용하자** · **118**
    삼류는 자신의 '냄새'에 둔하고
        이류는 자신의 '향기'에 신경을 쓴다
            일류는 어떻게 할까?

◆ 눈부심 · 122
　　삼류는 고객의 '눈이 부시다'는 말을 듣고 움직이고
　　　　이류는 '시간'에 따라서 움직인다
　　　　　　일류는 언제 움직일까?

CHAPTER 4 일류의 '대화력'은?

◆ 고객에 대한 인사 · · · · · · · · · · · · · · · · · · 128
　　삼류는 '고객을 보지도 않고' 인사하고
　　　　이류는 '밝고 명랑하게' 인사한다
　　　　　　일류는 어떤 인사를 건넬까?

◆ 고객에 대한 제안 · · · · · · · · · · · · · · · · · · 132
　　삼류는 '이것이 좋다'라고 말하고
　　　　이류는 '이것을 추천한다'라고 말한다
　　　　　　일류는 뭐라고 말할까?

◆ 감사함을 전하는 방법 · · · · · · · · · · · · · · · 136
　　삼류는 '기계적으로' 감사하다고 말하고
　　　　이류는 '웃는 얼굴로 밝게' 감사하다고 말한다
　　　　　　일류는 어떻게 감사의 마음을 전할까?

◆ 존경어 표현 · 140
　　삼류는 '귀에 거슬리는' 존경어를 구사하고
　　　　이류는 '도가 지나친' 존경어를 구사한다
　　　　　　일류는 무엇을 사용할까?

◆ **청취력** · 144
   삼류는 자신이 먼저 '설명'하려고 하고
      이류는 듣는 것이 중요하다며 '맞장구'를 친다
         일류는 어떻게 할까?

◆ **고객의 말실수** · 148
   삼류는 '곧바로' 정정하고
      이류는 '정중하게' 정정한다
         일류는 어떻게 할까?

◆ **펜을 빌려줄 때** · 152
   삼류는 '빌려준다는 것'을 강조하고
      이류는 '돌려줬는지'를 묻는다
         일류는 어떻게 말할까?

◆ **기억에 남는 대화** · 156
   삼류는 '확인을 위한 대화'를 하고
      이류는 일단 '상대방을 마구 칭찬'한다
         일류는 무엇을 할까?

◆ **대화를 끝맺을 때** · 160
   삼류는 '태도나 표정'으로 대화를 끝맺고
      이류는 '정중한 말과 미소'로 끝맺는다
         일류는 어떻게 끝맺을까?

◆ **동료에게 부탁할 때** · 164
   삼류는 '○○야, 부탁해'라며 말하고
      이류는 '○○씨, 미안해요'라며 부탁한다
         일류는 뭐라고 부탁할까?

◆ 동료와의 보고, 연락, 정보 공유 · 168
　　삼류는 '확인하고 나서 보고'하고
　　　　이류는 '의뢰받았다'고 보고한다
　　　　　　일류는 어떻게 할까?

CHAPTER 5 일류의 '대처력'은?

◆ 고객 불만에 대한 대처 · 174
　　삼류는 '죄송합니다'라고 반복하고
　　　　이류는 '말씀하신 대로입니다'라고 맞장구를 친다
　　　　　　일류는 어떻게 사과할까?

◆ 고객과의 거리 · 178
　　삼류는 고객과 '서먹서먹한' 거리를
　　　　이류는 '친근함'이 느껴지는 거리를 추구한다
　　　　　　일류가 추구하는 고객과의 거리는?

◆ 바쁠 때의 고객 응대 · 182
　　삼류는 정색을 하며 '잠시만 기다려 달라'고 말하고
　　　　이류는 웃으면서 '잠시만 기다려 달라'고 말한다
　　　　　　일류는 어떻게 말할까?

◆ 고객의 질문 · 186
　　삼류는 '예', '아니오'밖에 대답하지 못하고
　　　　이류는 '정보를 추가'해서 대답한다
　　　　　　일류는 뭐라고 대답할까?

◆ 까다로운 고객에 대한 응대 · · · · · · · · · · · · · · · 190
　　삼류는 '다가가지 않고' 피하고
　　　　이류는 '적극적'으로 응대하려고 노력한다
　　　　　　일류는 어떻게 응대할까?

◆ 문제의 싹 · 194
　　삼류는 스트레스 사인을 '놓치고'
　　　　이류는 스트레스 사인을 '지켜본다'
　　　　　　일류는 어떻게 할까?

◆ 고객 사이의 문제 · 198
　　삼류는 '무관심'으로 가장하고
　　　　이류는 어느 쪽이 맞는지 '판정'을 내린다
　　　　　　일류는 어떻게 할까?

◆ 고객에게 '민폐'라고 전할 때 · · · · · · · · · · · · 202
　　삼류는 직설적으로 '민폐'라고 말하고
　　　　이류는 '죄송하지만…'이라며 메시지를 전달한다
　　　　　　일류는 어떻게 전할까?

◆ '꾸밈없는 자신의 모습'을 드러내는 방법 · · · 206
　　삼류는 '감정 그대로' 자신의 본모습을 드러내고
　　　　이류는 '친근함을 담아서' 드러낸다
　　　　　　일류는 어떻게 드러내는가?

◆ 고객의 '괜찮다'는 말에 대한 대처 · · · · · · · · 210
　　삼류는 '액면 그대로'를 받아들이고
　　　　이류는 말의 '겉과 속'을 파악한다
　　　　　　일류는 어떻게 할까?

일류의 '사고방식'은?

고객은 신(神)인가?

삼류는 '기다리게 하면 안 되는 사람'이라고 생각하고
　이류는 '신'이라고 생각하고
　　일류는 어떤 사람이라고 생각할까?

　가끔 눈앞에 서 있는 고객을 아무 감정 없이 물건 다루듯이 그저 매뉴얼대로 대하는 사람을 목격하곤 한다. 물론 눈코 뜰 새 없이 바쁠 때 '고객을 기다리게 하고 싶지 않다'라는 생각에 기계적으로 응대할 수밖에 없는 경우도 있다.
　하지만 매뉴얼대로 움직이는 접객만 할 수 있다면 유감스럽게도 그 일은 언젠가 기계로 대체되고 말 것이다.

　일반적으로 고객을 대할 때 '대화(수다)가 효과적'이라고 말한다. 그런데 이런 경우는 어떤가?
　택시를 탄 손님이 자료를 열심히 읽고 있는데, 이에 아랑곳하지 않고 쉴 새 없이 말을 건다면? 이는 금물이다. 손님은 대화보다는 '자료를 훑어보고 싶을' 테니까.

이런 경우에는 최소한의 대화만 나누는 선에서 접객을 하는 것이 좋다.

'어떤 상황에서든 고객과 대화를 나누는 것이 접객 서비스'라는 생각은 착각이고 오해다.

자료를 읽고 싶은 고객의 기분을 무시한 태도는 고객에게 다가갈 수 없는 고객 심리를 전혀 고려하지 않은 접객 서비스다.

고객은 감정을 지닌 사람이다.

고객에게 만족을 주는 응대를 하려면 이 점을 반드시 명심해야 한다.

또한 이와 함께 고객을 어떻게 바라보고 대할 것인지도 생각해야 한다.

'고객은 신이다'라는 말을 의식해서 '일단 화나게 하면 안 된다'라는 생각으로 과잉해서 고객에게 아첨을 떨거나 비유를 맞추는 사람이 있다.

물론 이런 스타일의 접객을 좋아하는 고객도 있다. 그런데 그 이면에 고객에 대한 반가움이나 존경심이 전혀 없고 오로지 자신을 방어하기 위한 전략이라면 큰 문제다.

또한 고객의 감정이나 기분과 상관없이 오로지 '최고의 서비스와 감동을 줘야 한다'라며 물불 안 가리고 고객에게 다가가려는 사람도 있다.

이는 상황에 따라서 '고객을 배려하지 못한 강압적이면서도 자기만족적인 서비스'라는 인상을 심어줄 가능성이 있다.

고객은 감정을 느끼는 사람이다. '접객하는 사람이 어떤 마음가짐으로 자신을 바라보고 대하는지' 민감하게 피부로 느낀다.

따라서 일류는 자신을 지키려는 안이한 방어적인 접객이나 자기만족적인 접객을 고수하지 않는다. 눈앞의 고객이 무엇을 바라는지를 항상 생각하고 알려고 노력한다.

그리고 '가족을 대하는 마음가짐'으로 응대한다.

물론 고객에게 다가가려다가 지켜야 할 적정한 선을 넘어서는 안 된다. 하지만 만일 눈앞의 고객이 '내 가족이라면 어떻게 할 것인지'를 생각한다.

이런 관점에서 보면 아첨을 떨거나 비유 맞추기식의 접객이 얼마나 부자연스러운지 잘 알 수 있다.

소중한 사람이 지쳐 있을 때, 곤경에 빠졌을 때, 배가 고플 때, 기쁠 때 등 '가족이라면 어떻게 해줄 것인가?'라는 관점이야말로 따스함이 전해지는 일류의 접객 서비스가 아닐까?

Road to Executive

일류는
'소중한 가족이라고'
생각한다.

 자신의 착각과 오해를 버리고
'소중한 사람에게 어떻게 할지'를 떠올려 보자.

매뉴얼 취급

삼류는 매뉴얼조차도 '대충대충' 따르고
이류는 매뉴얼에 '집착'하고
일류는 어떻게 할까?

편의점이나 단골 가게에서 계산할 때 이런 상황을 경험한 적이 있을 것이다.

막 지갑에서 카드를 꺼내려는데
"○○카드가 있으신가요?"
"○○카드는 괜찮으신가요?"
라는 질문을 받는 상황이다.

후자의 경우는 '카드가 괜찮다'라니 단어 선택의 측면에서도 듣기 거북하다.

어쨌든 이런 질문은 카드를 막 꺼내려는 고객의 입장에서 보면 '고객은 쳐다보지도 않고 기계적으로 말한다'라는 인상을 준다.

분명 매장 매뉴얼에 '계산할 때 고객의 카드 소지 여부를 확인할 것'이라는 문구가 있을 것이다. 물론 근무하는 사람으로서 매뉴얼 숙지는 전제 조건이기에 매뉴얼조차 기억하지 못하는 사람보다는 접객의 자세가 좋다고 말할 수 있다.

그러나 매뉴얼에 집착한 나머지 고객 응대에 무성의하다면 일류라고 말할 수 없다.

일류는 매뉴얼에 대해서 다음과 같이 생각한다.

'이 매뉴얼은 어떤 의도에서 만들어진 것인가?'

앞의 예시에서 매뉴얼은 '카드 소지 확인'이라는 의도로 만들어진 것이다. 즉 상황에 따라서 일부러 구두로 확인할 필요는 없다. 고객의 행동을 보고 카드를 소지했는지 그 여부를 알 수 있다면 굳이 묻지 않아도 괜찮다. 그것이 계산대가 혼잡해지는 것을 막고 효율적으로 일하는 방법일 테니까. 그런데 전혀 혼잡하지 않은 상황에서조차 이런 질문을 던지는 직원이 있다.

매뉴얼이란 '일정한 기준의 서비스 품질을 유지'하기 위해서 존재하는 것이다. 매뉴얼의 행간을 읽지 못하고 고객의 존재를 무시하는 접객을 해서 '막 카드를 꺼내고 있는데 도대체 무슨 소리야?'하는 불쾌함을 줬다면 이는 본말전도가 아닌가?

또한 고객을 쳐다보지도 않고 '감사합니다', '어서 오세요'라고 인사하는 것도 마찬가지다.

'무엇을 위해서 말하는지'도 모른 채 매뉴얼에 따라서 기계적으로 연발하는 인사말은 그저 '소음'에 불과하다.

보안과 위생에 관한 사항이나 관련 법규를 준수하는 것은 매우 중요하다. 하지만 임기응변이 요구되는 서비스 항목의 경우 매뉴얼의 행간을 읽을 필요가 있다.
매뉴얼은 '서비스 품질을 유지하기 위해서 존재한다'는 점을 반드시 명심하자.

Road to Executive

일류는
매뉴얼의
행간을 읽는다.

 매뉴얼은 어디까지나
서비스 품질을 유지하기 위한 것이다.

상품에 관한 지식

삼류는 '아마도'라고 설명하고
이류는 외운 것을 '완벽하게' 재현하고
일류는 어떻게 설명할까?

접객의 프로로서 고객 앞에 나서려면 상품에 대한 정확한 지식을 알고 있어야 한다.

고객이 질문을 던졌을 때 '아마도 그럴 겁니다'라고 말하는 것은 무책임하기 짝이 없는 대답이다. 만일 모든 상품에 관한 지식을 머릿속에 넣을 수 없다면 최소한 정확하게 안내하는 자신만의 노하우라도 갖추고 있어야 한다.

한편 상품에 대한 지식이 풍부하다면 그 지식을 고객에게 잘 전달할 수 있도록 효율적으로 아웃풋(out-put)을 해야 한다.

가령 레스토랑의 경우 식자재에 대해서 자세하고 길게 설명한다고 해서 그것이 고객에게 잘 전달될까? 반드시 그렇지는 않다.

또한 다음과 같은 상황을 종종 목격하는데, 이런 식의 설명은 고객에게 절대로 전달되지 않는다.

- 고객끼리 대화를 나누는데, 끼어들어서 시작하는 설명
- 빠르게 말해서 알아듣기 힘든 설명

애초에 지식을 습득한 이유는 고객이 식사를 맛있게 즐길 수 있도록 돕기 위해서일 것이다. 그렇다면 그 지식을 고객 앞에서 설명하는 타이밍과 전달 방법도 고려해야 한다.
힘들게 습득한 지식인데 고객에게 잘 전달되어야 의미가 있지 않겠는가?
특히 전문 지식은 이해하기 어려우니 다음과 같은 준비가 필요하다.

- '어떻게 설명하면 고객이 이해할 수 있을까?'를 생각한다.
- '어떤 상황에서 안내하면 고객이 기뻐할까?'를 떠올려 본다.
- '어느 타이밍에서 어떤 이야기를 하면 보다 효과적으로 지식을 활용할 수 있을까?'를 고민한다.

고객의 얼굴을 떠올리면서 어떻게 전달할 것인지를 고민하는 작업은 매우 즐거운 일이다.
이렇게 말하면 오해를 살 수도 있는데, 나는 지식 제공이 신뢰 관

계를 다지기 위한 하나의 '도구'라고 생각한다.

  요즘은 고객이 알아서 상품에 대한 정보나 지식 등을 얼마든지 찾을 수 있는 세상이다.

  따라서 지식을 제공하더라도 그것이 고객에게 '도움이 될 수 있도록', '기쁨을 줄 수 있도록', '즐거움을 느낄 수 있도록' 할 필요가 있다.

  같은 지식이라도 그 지식을 어떻게 아웃풋하느냐에 따라서 고객의 만족도는 크게 달라진다. 따라서 일류는 상품 지식을 습득하는 것만이 아니라 어떻게 고객에게 아웃풋할 것인지를 진지하게 고민한다.

Road to Executive

일류는
고객에게 도움이 되도록
설명한다.

 어려운 전문용어는 고객이 이해하기 쉬운
설명 방법과 타이밍을 미리 생각해 두자.

일에 대한 의식

삼류는 '하고 싶은 마음이 들 때' 공부하고
　이류는 '책이나 인터넷'을 통해서도 공부한다
　　일류는 어떻게 공부하고 배울까?

"고객을 대할 때는 최선을 다합니다. 하지만 휴일에는 일에 대한 생각은 하고 싶지 않아요."

이렇게 말하는 사람이 적지 않을 것이다. 일을 마친 후의 시간과 휴일을 어떻게 보낼지는 개인의 자유다. 휴식을 취하면서 심신의 안정과 활력을 되찾는 것도 건강하게 일하려면 반드시 필요하다.

그런데 인간은 강요하지 않아도 흥미나 관심이 있는 것에 저절로 의식이 향하는 법이다.

열성적인 사람은 휴일에도 책이나 인터넷을 뒤지며 접객에 관한 정보를 수집하고 머릿속에 자신만의 다양한 지식 창고를 만든다. 자신이 직접 겪은 경험이 아니더라도 누군가가 고객 응대를 했던 일화를 참고하면 새로운 힌트를 얻을 수 있기 때문이다. 이런 긍정적인 자세는 향후 고객을 응대할 때 큰 도움이 된다.

다만 한 가지 주의해야 할 점이 있다. 접객에서는 의식이 지식보다 몇 배나 더 중요하다는 점이다.

실제로 힘들게 수집한 정보나 지식을 실전에서 제대로 활용하지 못하는 경우가 상당히 많다. 왜냐하면 접객이란 '사람'을 상대하는 일이고 어떤 사람에게는 정답일지라도 다른 사람에게는 정답이 아닐 수 있기 때문이다.

따라서 지식을 지식의 형태 그대로 두지 말고 감성과 함께 갈고닦아서 살아 움직이는 형태로 자신의 의식 안에 스며들게 가공해야 한다.

구체적으로 말하자면 자신이 접객을 받는 사람, 즉 고객이 되어서 고객의 기분을 직접 느껴보거나 고객의 입장에서 보이는 상황이나 분위기를 체험해 보는 것이다.

나에게 가장 소중한 경험은 서비스 훈련 교관으로 일했던 것이다. 훈련생을 가르치는 수업에서 고객 역할을 자주 했는데, 그때 크게 깨달은 것이 몇 가지 있다.

그중 머릿속에 남는 것 중 하나가 똑같은 서비스를 받아도 '무엇을 받느냐'가 아니라 '누구에게 받느냐'가 고객에게 몇 배나 더 큰 영향을 미친다는 점이다.

또한 고객의 입장이 되어서야 느낄 수 있는 다양한 감정을 분석하는 작업을 통해서 감성이 풍부해졌다.

이런 기회가 없더라도 그리고 일부러 접객 서비스를 받으러 가지 않더라도 일상에서 배울 수 있는 것도 꽤 많다.
눈앞에 벌어진 일이나 상황에 대해서 다음과 같이 자문자답해 보자.

'나라면 이럴 때 어떻게 할까?'
'어떻게 전달하면 좋을까?'
'이 사람은 왠지 느낌이 좋다. 이유가 뭘까?'
'이 사람의 어떤 점이 나를 불쾌하게 만드는가?'

이렇게 '왜?', '어째서?'의 관점에서 자문자답해 보면 일상에서 얻을 수 있는 것이 상당히 많다. 일류는 일상에서 얻은 배움과 깨달음을 통해서 자신의 감성을 갈고닦는다.

Road to Executive

일류는
일상에서 생긴 일과
상황을 통해서 배운다.

일상에서 일어난 일을 '왜?', '어째서?'의
관점에서 바라보자.

감동

삼류는 '매뉴얼이 제시하는 감동'을 생각하고
이류는 '최고의 감동'을 목표로 삼는다
일류는 어떻게 생각할까?

당신은 서비스를 받는 고객의 입장이 되었을 때 너무 과하다 못해 황송한 응대를 받고 불편했던 적이 없는가? 물론 고객에게 기쁨을 주려는 노력은 멋진 일이다.

그런데 때때로 '감동을 준다=과도한 연출'이라는 발상에 집착하는 사람이 있다. 어쩌면 깜짝 생일파티나 2층에서 1층으로 고객보다 먼저 내려가서 인사를 한 번 더 건네는 등 과도한 연출 그 자체가 매뉴얼에 적혀 있는지도 모른다.

내 경험에 비추어 보면 감동은 억지로 만드는 것이 아니다. 부끄럽지만 나도 '이렇게 하면 고객에게 감사 편지를 받을지도 몰라…'하는 속마음을 품었던 적이 있고 '다른 승무원보다 좋은 평가를 받고 싶다'는 욕심을 드러냈던 적도 있다. 그런데 이런 감정이 강하면 강할수록 오히려 바라던 결과에서 멀어지기만 했다.

감동은 억지로 만들 수 있는 것도 목표로 삼는다고 이룰 수 있는 것도 아니다. 이 사실을 깨닫게 된 사건이 하나 있다.

어느 날 상사가 나를 불렀다. 고객이 감사 편지를 보냈다며 "자네, 그 고객에게 어떤 서비스를 했나?"하고 물었다.

나는 감사 편지에 깜짝 놀랐고 "특별히 한 건 없는데요…."라고 답했다. 이 감정은 겸손이 아니라 나의 진심이었다.

감사 편지를 보내준 사람은 연배가 있는 다른 분과 자리를 바꿔준 남성 탑승객이었다. 이 남성의 좌석은 원래 옆 좌석이 공석이었다. 그런데 연배가 있는 분이 '다리가 아픈데 자리가 좁다. 좌석을 좀 바꿔줬으면 좋겠다'라고 부탁 아닌 부탁을 한 것이다.

아마도 남성 탑승객은 처음에 '옆 좌석이 비었군! 운이 좋네!'라고 생각했을 것이다.

그래서 나는 좌석을 바꿔준 남성 탑승객의 따뜻한 마음씨에 경의를 표하고 조금은 아쉬웠을 기분을 위로하기 위해서 서비스 응대에 최선을 다하고자 했다.

특히 기분 좋게 좌석을 바꿔준 선한 행동에 감사의 마음을 전하고 싶었다.

그래서 다른 고객과 좌석을 바꿔준 남성 탑승객의 정보를 다른 승무원들과 공유했고 비행기 안의 모든 승무원이 감사의 마음을 갖고 있다는 의사를 표시했다.

또한 이코노미석에는 준비되지 않았지만 '자그마한 성의 표시'로 슬리퍼와 귀마개도 제공했다.

감사 표현으로 물건을 제공하기는 했지만 나는 '물건' 제공에 중점을 두지는 않았다.

그보다는 남성 탑승객의 마음의 변화를 보다 빨리 알아차리는 데 주의를 기울였다.

처음에는 '좌석을 바꿔도 괜찮다'는 마음이었더라도 장시간 비행으로 피로가 쌓이면 '내 자리는 여기가 아니었는데…, 내가 왜 이 고생이지?' 하는 불만으로 바뀔 수 있기 때문이다.

적절한 타이밍에 남성 탑승객의 좌석으로 다가가 대화를 나누고 '마음의 변화'를 놓치지 않으려고 노력했다. 그것이 남성 탑승객을 위해서 내가 할 수 있는 최선의 '배려'라고 생각했다.

결과적으로 그런 나의 배려가 통했던 것일까? 정성껏 써 내려간 감사 편지를 보내주다니 말이다.

이처럼 접객 종사자는 화려한 감동 서비스가 아니라 고객의 마음이 어떻게 움직이는지에 주목해야 한다.

Road to Executive

일류는 어디까지나 결과가 중요하다고 생각한다.

 고객의 마음이 어떻게 움직이는지를 살피자.

온/오프의 전환

삼류는 온/오프의 '경계가 없는' 접객을 하고
이류는 '유니폼을 벗으면' 오프로 전환한다
일류는 어떻게 할까?

'고객 앞에서는 우등생일 필요도 자신을 과장할 필요도 없다. 자연스러움이 제일이다'라는 의미에서 보면 어쩌면 온오프(ON/OFF, 공적인 시간과 사적인 시간)의 전환이 필요 없는지도 모르겠다.

다만 '자연스러움'과 '자기 멋대로'는 전혀 다르므로 반드시 구별해야 한다.

고객 앞에서 일과 관련이 없는 사적인 말투를 구사하거나 직장에 어울리지 않는 옷차림으로 출근하는 행동은 바람직하지 못하다.

게다가 고객에 대한 존경심마저 없다면 이는 큰 실례다.

물론 공과 사를 명확하게 구별하고 직장에서 프로 의식을 갖고 일해야 한다고 말하는 사람도 있을 것이다. 공과 사를 구별함으로써 정신적인 재충전을 할 수 있다면 반드시 필요하다고 생각한다.

  이런 가치관까지 충분히 이해한 상태에서 명확하게 집고 싶은 것이 하나 있다. 바로 '어디까지를 일, 즉 온(ON, 공적인 시간)의 시간이라고 보고 선을 그을 것인지'다.

  사람에 따라서 접객을 할 때가 일하는 시간이라고 말할 수도 있고 접객을 하지 않아도 매장 안에 있는 시간을 일하는 시간이라고 말할 수도 있다.

  직장에서 유니폼을 입고 근무하는 사람이라면 '유니폼을 입고 있는 동안이 일하는 시간'이라며 선을 긋는 사람도 있을 것이다.

  나는 신입 시절에 온오프를 구별하지 못하는 실수를 저지른 적이 있다.

  공항 도착 로비에 있던 보도진에게 "유명한 연예인이라도 오나요?!"라며 교양 없이 호들갑을 떨며 물어본 것이다. 보도진에게 "아, 승무원분도 연예계에 관심이 많으시네요!"라는 말을 듣고 '아뿔싸! 조심했어야 했는데…'하고 후회했던 적이 있다.

  비행이 끝났다는 인도감에 '유니폼을 입고 있다=승무원'이라는 의식이 부족했던 것이다.

  나의 경험은 유니폼을 입는 경우지만 유니폼의 유무를 떠나서 반드시 필요한 의식이라고 생각한다.

온/오프의 전환

- 회사 로고가 붙은 자동차를 타고 신호를 무시한다.
- 많은 사람들이 보는 SNS(Social Network Services)에 비상식적인 투고를 한다.
- 매장 안에서는 밝은 미소로 대하지만 매장 밖에서 만난 고객을 무시한다.

이런 경우 모두 '언제 어디서 누구와 만날지 모른다'는 의식의 결여에서 나오는 행동이다.

나는 내가 겪었던 실수를 통해서 설령 유니폼을 입지 않는 시간이라도 그곳에 고객이 있다면 '온(ON, 공적인 시간)'의 긴장감을 놓지 않으려고 노력한다.

이는 한시도 긴장을 늦추지 말고 계속 유지하라는 뜻이 아니다. '언제 어디서 누구와 만나도 의식적으로 부끄럽지 않게 행동하라'는 의미다.

일류라면 '나는 회사를 대표하는 얼굴이다'라는 점을 끊임없이 의식할 필요가 있다.

공적인 시간에는 자신의 능력을 충분히 발휘할 수 있도록 그리고 사적인 시간에는 '자연스러움=부끄럽지 않은 모습'을 지키도록 노력하자.

Road to Executive

일류는 언제 어디서든 부끄럽지 않게 행동한다.

 항상 누군가가 보고 있다는 의식을 갖자.

라이벌과의 거리감

삼류는 라이벌을 '이기려고' 하고
이류는 라이벌의 장점을 '모방'한다
일류는 어떻게 할까?

대부분의 업계에는 '라이벌=경쟁자, 경쟁 회사'가 존재한다. 라이벌에게 전혀 관심이 없는 사람도 있겠지만 라이벌을 통해서 배울 수 있는 것도 많으니 관심이 없다면 손해가 아닐 수 없다.

한편 라이벌에게 관심은 있는데, 오로지 이기는 데만 집착한다면 어떻게 될까? 본래 관심을 가져야 할 눈앞의 고객이 보내는 사인을 놓칠 수 있다.

그래서 일류는 라이벌을 이기려고 애쓰지 않는다.

'이기는 것=상대방을 앞지르는 것'은 저급한 행동을 초래할 수 있기 때문이다. 라이벌에 대한 관심은 부정적인 것이 아니라 긍정적인 것이어야 한다.

내가 생각하는 긍정적인 관심이란 '라이벌의 장점이 무엇인지'

를 눈여겨보는 것이다. 그리고 라이벌의 장점을 있는 그대로 인정하는 것이 중요하다.

그렇다고 그 장점을 무턱대고 따라 하라는 뜻은 아니다.

'라이벌이 하는 것 자체'에 주목할 것이 아니라 '그것이 고객의 마음을 사로잡은 이유가 무엇인지'의 관점에서 힌트를 얻으라는 의미다.

어떤 힌트나 깨달음은 라이벌이 존재하기에 얻을 수 있다. 비록 라이벌이지만 같은 일을 하는 동료다. 서로 절차탁마하면서 업계 전체를 발전시켜 나가는 관계를 유지할 수 있다면 얼마나 좋겠는가?

또한 라이벌의 존재를 인정하면 자신만의 '색깔', 즉 '자신만이 제공할 수 있는 가치란 무엇인가?'를 생각할 수 있다. 비슷비슷한 상품과 서비스가 넘쳐나는 요즘은 '차별화'보다 '독자화'가 요구되고 있다.

가격과 상품의 차이만으로는 고객을 빼앗기고 만다. 고객은 더 서렴힌 쪽으로 그리고 비슷한 상품이 나오면 구매하기 쉬운 쪽으로 떠나가 버리고 만다.

하지만 자신만의 고유한 '색깔'은 다르다. 아무도 모방할 수 없다. 그리고 그 '색깔'은 다름 아닌 그곳에서 일하는 '사람(직원)'이 만드는 것이다. 아무리 거대한 조직이라도 한 명, 한 명의 사람이

모여서 만들어진 집합체니까.

　라이벌에게는 라이벌만의 '색깔'이 있고 자신에게는 자신만의 '색깔'이 있다.
　팬이 되어준 고객은 각각의 '색깔'에 공감해준 사람들이다.

Road to Executive

일류는
자신만의 '색깔'로
라이벌과 승부한다.

 자신만의 고유한 '색깔'이 무엇인지를
곰곰이 생각해 보자.

누가 주역인가?

삼류는 '상사'를 따르고
　이류는 '자신'을 따른다
　　일류는 누구를 따르나?

"접객에서 주역은 누구입니까?"

이렇게 물으면 대부분의 사람들이 '고객'이라고 대답한다. 설마 이 질문에 '상사'라고 답하는 사람이 있을까? 아마도 없을 것이다.

얼핏 보면 이 질문은 연수나 강연에서 자주 들을 법한 평범한 질문 같지만 '누구를 위한 서비스인가?'라는 서비스의 중심축이 흔들리기 시작했을 때 반드시 떠올려 봤으면 하는 질문이다.

예전에 내가 경험했던 일이다. 고객 서비스를 받는데 불필요한 부가 서비스가 있어서 불편하기에 담당자에게 "이건 필요 없는 것 같은데요"라고 말했다. 그랬더니 다른 고객들도 같은 불만을 토로했던 것일까? 아니면 자신조차도 서비스를 하면서 평소에 그렇게 느꼈던 것일까? 담당자는 "네, 그렇긴 한데요…"라며 미안한 표정을 지으며 말끝을 흐렸다.

물론 어떤 조직인 이상 개인의 의견이 그대로 받아들여지기 어려운 점은 어느 정도 이해한다. 하지만 적어도 '고객님과 같은 불만을 토로하는 분이 많다고 회사에 전달하겠습니다'라는 말 한마디라도 해줬더라면 얼마나 좋았을까?

또한 서비스 정신이 투철한 나머지 대답과 판단을 신중하게 결정해야 하는 사안을 본인 마음대로 'YES'라고 답하는 경우도 있다. 조직에 속해 있는 이상 안이한 독자적인 판단은 오히려 고객에게 혼란을 줄 수 있으므로 주의해야 한다.

하지만 어떤 경우라도 고객의 생생한 의견을 회사에 전달할 수 있는 사람은 접객 서비스를 하는 직원뿐이다.

물론 직원의 목소리에 귀를 기울이는 환경이 먼저 갖춰져야 하지만 상사의 눈을 의식하거나 자기 멋대로 독자적으로 해결해서 고객의 의견을 회사에 전달하지 않는 것은 안타까운 일이 아닐 수 없다.

일류는 고객의 의견을 방치하지 않는다. '향후 어떻게 할 것인지'를 전달한다.

또한 상사가 볼 때만 밝은 미소를 띠며 의욕적으로 움직이는 접객도 잘못된 것이다.

　평가받는 입장에 있으면 그런 행동을 취하기 쉬운데, 회사나 상사를 향한 보여 주기식의 '열심히 하고 있다는 몸부림'은 미숙한 행동일 뿐이다.

　주역은 직원이 아니다.

　'접객에서 주역은 누구인가?'라는 질문에 '고객'이라고 답하고 그런 후에 '정말?, 진짜?'라며 자문자답해 보면 머리로 아는 지식이 의식으로 바뀔 것이다.

　무언가를 놓쳤다는 생각이 들었을 때 반드시 자신에게 다시 한번 던져봤으면 하는 질문이다.

Road to Executive

**일류는
고객을
따른다.**

 '주역은 누구인가?'라고 자문자답해 보자.

일의 목적

삼류는 '월급'만이 목적이고
이류는 '고객의 웃는 얼굴'이 목적이다
일류는 어떤 것을?

일은 '돈'이라는 보수가 따른다. 자원봉사로 일한다면 경제적인 이유에서 생활에 지장을 준다.

그렇다고 다른 사람과 함께 일하면서 오로지 '돈 버는 것'이 목적이라면 왠지 서글프지 않은가?

혼자 성인군자인 척한다고 비난할지 모르겠지만 접객을 통해서 얻을 수 있는 것은 돈 이외에도 많다.

고객의 미소 띤 얼굴과 고맙다는 인사는 접객 종사자에게 최고의 칭찬이자 보람이고 기쁨이다. 고객에게 '자네가 내 담당이어서 참 다행이다'라는 말을 들은 날은 이 일을 업으로 삼길 잘했다는 생각에 가슴이 벅차오르기도 한다.

기쁜 일도 있고 슬픈 일도 있는 접객의 세계에서 고객의 미소와 감사 인사는 매우 큰 격려가 된다.

그런데 이는 어디까지나 결과이고 일류는 '돈'과 '고객의 미소'만을 생각하지 않는다. 어디에서든 일을 하면서 느끼는 '보람'을 소중히 여긴다.

개인적인 이야기인데, 나에게는 두 명의 아이가 있다. 엄마로서 육아에만 전념할 것인지 아니면 일과 병행할 것인지 깊이 고민하던 나는 '왜 이 일을 계속하고 싶은 걸까?'라며 나 자신과 마주했다.

그리고 생각에 생각을 거듭하며 이런 결론을 내렸다.

'일기일회(一期一會) 평생에 단 한 번뿐인 만남'이 중요하다. '나와 같은 곳에 우연히 함께 있던 누군가의 일상에 자그마한 기여'를 하고 싶다. 이런 생각이 나의 마음을 강하게 자극했고 나를 움직였다. 그리고 같은 생각을 공유한 동료와 함께 일하는 것 또한 큰 보람이었다.

십인십색(十人十色), 고객은 다양하다. 게다가 같은 사람이라도 그날의 컨디션이나 환경에 따라서 감정은 시시각각 변한다.

- 즐거운 여행이라면 더 즐겁게
- 지쳐 보인다면 조금이라도 편히 쉴 수 있도록

- 몸 상태가 좋지 않다면 조금이라도 회복될 수 있도록
- 어린 자녀와 함께여서 불안해 보인다면 조금이나마 불안을 덜 수 있도록
- 자신의 속도를 유지하고 싶어 하는 고객에게는 그 사람에게 알맞은 속도로

고객이 웃어주거나 고맙다고 말해준다면 그보다 더한 기쁨은 없겠지만 그것이 목적이어서는 안 된다.

고객을 위해서 할 수 있는 것은 제한적이나 신념과 긍지를 갖고 '할 수 있는 무언가'를 찾아서 해주는 것, 이것이 바로 접객의 목적이다.

Road to Executive

**일류는
보람과 긍지를
중시한다.**

 일을 계속하고 싶은 이유를 찾아보자.

일류의 '외모의 힘'은?

표정

삼류는 '무표정'일 때가 많고
　이류는 의식이 끊기면 '평소의 얼굴'로 돌아온다.
　　일류는 어떻게?

　'접객에서 바람직한 얼굴 표정은?'하고 물으면 누구나 '웃는 얼굴', '미소 띤 얼굴'이라고 대답한다. 진심에서 우러나오는 웃음을 띤 얼굴은 누구나 멋지다.
　그럼 웃는 얼굴 말고 다른 표정은 어떨까?
　사람들은 대부분 평소 자신의 얼굴 표정에 무관심하다. 본인은 그렇지 않은데 다른 사람에게 '아무 말도 하지 않으면 무서워 보인다', '왠지 모르게 말을 걸기 어렵다'라는 이야기를 들은 적이 있을 것이다.

　고객이 눈앞에 있거나 누군가와 대화를 나눌 때는 생기발랄한 표정을 짓다가도 '작업'에 들어간 순간 차갑게 굳어버리는 경우가 종종 있다.

본인은 악의가 전혀 없고 신중하게 작업에 열중하고 있을 뿐인데 남의 눈에는 뚱하거나 무뚝뚝해 보이는 것이다. 어떨 때는 '싫은데 억지로 하고 있다'는 오해를 사기도 한다.

특히 밝은 미소를 보이다가 갑자기 정색한 듯 얼굴 표정이 순식간에 변해 버리면 그 격차로 인해서 고객은 불쾌함과 불편함을 느낀다.

앞에서 언급한 것과 같이 '항상 누군가가 보고 있다는 의식'이 끊어지면 자신의 표정에 무관심해지고 마는 것이다.

하지만 아무리 '의식'의 끈을 놓지 않는다고 해도 '부드러운 표정을 유지'하기란 여간 힘든 일이 아니다. 왜냐하면 사람은 평소 자신의 얼굴 표정을 볼 수 없기 때문이다.

얼굴 표정을 고치는 일은 훈련생에게도 큰 과제 중 하나다. 훈련 교관에게 '평소 얼굴 표정이 무섭다'라고 여러 번 지적을 당해서 힘들었다는 훈련생도 적지 않다(웃음).

접객 종사자는 웃는 얼굴로 있기 부자연스러운 상황일지라도 고객이 '언제든 편히게 말을 걸 수 있는 분위기'를 조성해야 한다.

안내 방송으로 그런 취지의 메시지를 아무리 전달해도 역시 살아 움직이는 직원이 그런 분위기를 만들지 못하면 고객은 쉽게 말을 걸 수 없다.

'마음이 있다면 괜찮다. 마음이 무엇보다 중요하니까.'

이런 의견도 있을 것이다. 물론 의심할 여지없이 마음이 제일 중요하다.

하지만 웃는 얼굴이나 온화한 표정을 유지하는 행위, 즉 고객을 배려하려는 마음과 생각을 형태화해서 전달하기 위한 도구다. 생각을 보다 정확하게 전달하기 위해서 글로 편지를 쓰는 것과 마찬가지다.

자신의 마음과 생각을 문자나 대화가 아니라 얼굴 표정으로 즉 시각적으로 표현하는 것이다.

일류는 접객 중이 아니더라도 복도를 걸을 때든 작업을 할 때든 의식적으로 '항상 온화하고 부드러운 표정을 유지'하려고 노력한다.

Road to Executive

일류는
항상 온화하고
부드러운 표정을 유지한다.

 고객이 말을 걸기 편안한 분위기를 조성하자.

웃는 얼굴

삼류는 '즐거울 때'만 웃고
 이류는 '항상' 웃는다
  일류는 어떻게 할까?

　일을 하다 보면 항상 신이 나거나 즐거울 수만은 없다. 그렇지 않은 상황도 벌어진다. '억지웃음'이라는 말은 어감도 좋지 않고 부정적인 인상을 주지만 나는 모든 '억지웃음'을 부정할 수는 없다고 생각한다. 중요한 것은 '억지웃음' 그 자체가 아니라 그런 표정을 짓고 있는 직원의 마음속에 고객에 대한 배려가 있느냐 없느냐다.

　과거에 딱 한 번 이런 일이 있었다. 중국인 탑승객이 내 이름을 정확하게 언급하며 불만을 토로한 것이다. '부탁한 것을 가져다줬지만 매우 싫은 기색이 역력했다'는 내용이었다.
　중국어를 전혀 모르는 나와 영어 몇 마디밖에 알아듣지 못하는 탑승객, 중국인 탑승객이 무얼 원하는지 가까스로 이해했지만 '모든 것을 원하는 대로 해줄 수 없는 이유'를 설명하는 데 꽤 애를 먹었던 기억이 있다.

솔직히 말해서 나는 '싫은 티'를 내지 않았다. 그런데 중국인 탑승객이 불만을 표시했다니 좀처럼 이해할 수가 없었다. 하지만 접객은 고객이 느끼는 것이 전부가 아니던가?

언어가 통하지 않을 때는 고객이 호의를 느낄 수 있도록 부드러운 표정을 짓거나 오해를 사지 않을 방법을 강구해야 한다. 나는 이 일을 계기로 '미소와 웃음의 중요성'을 다시 한번 깨달았다.

그런데 웃음이 중요하다는 것을 머리로, 지식으로는 알아도 막상 실전에서 적용하려면 어려운 것이 사실이다.

'억지웃음'이 좋은 것만은 아니지만 개인적인 생각으로 어느 정도 연습은 필요하다고 본다.

사람은 거울을 볼 때 예쁘고 멋진 표정을 지을 수 있다. 그런데 '무의식 상태의 평소 얼굴'은 다른 사람이 봤을 때 무뚝뚝하거나 차갑게 보일 수 있다.

접객 직원은 고객에게 안정감과 친밀함을 줘야 한다. 거울을 보면서 웃는 표정을 연습하고 차가운 표정이나 무뚝뚝 표정, 따분한 표정 등은 접객 현장에서 반드시 삼가도록 한다.

스마일 연습법으로 잘 알려진 '위스키'라는 것이 있다. '위스키'라고 말하면서 입꼬리를 살짝 위로 올리는 방법이다. 젓가락을 입에 물고 웃는 방법도 있다.

이외에 내가 추천하고 싶은 방법이 있는데 작업 중에 카메라를 의식하지 않는 자신의 표정을 동영상으로 찍어보는 것이다. 자신의 모습을 자신의 눈으로 직접 확인하는 방법으로 다른 사람에게 지적받는 것보다 훨씬 더 효과적이다.

물론 접객이라고 해서 '항상 만면에 웃음'을 띠어야 하는 것은 아니다. 웃음도 시간, 장소, 상황(TPO)을 고려해야 한다.
이는 접객을 받는 고객의 입장이 되어 보면 쉽게 이해할 수 있다.
예를 들어 직원에게 웃는 얼굴로 사과를 받았을 때, 사소한 부탁인데 과도하게 웃는 얼굴로 응대를 받았을 때, 차분하거나 엄숙한 매장 콘셉트와 맞지 않게 경박하게 웃고 있을 때 등….
이때 느낀 불편하고 언짢은 기분은 고객과 직원의 감정, 감각, 가치관이 서로 어긋났기 때문이다. 즉 웃는 직원에게 '고객인 나의 기분을 제대로 이해하지 못한다'라는 감정이 생긴 것이다. 고객의 감정을 제대로 이해하지 못한, 이런 어긋난 접객의 웃음은 오히려 부정적인 인상만 남길 뿐이다.
특히 고객에게 불편을 끼쳤고 사과를 해야 하는 경우는 웃으면서 응대를 해서는 절대로 안 된다.

일류로서 시간, 장소, 상황에 맞게 자신의 얼굴 표정을 바꿀 수 있도록 노력하자.

Road to Executive

일류는
시간, 장소, 상황에 맞게
웃는다.

 동영상을 활용해서 웃는 연습을 하자.

몸가짐

삼류는 '시키는 대로' 하고
이류는 '스스로 알아서' 정비한다
일류는 어떻게 할까?

"접객에서 중요한 것은 무엇일까요?"

기업 연수나 강연에서 이런 질문을 하면 '몸가짐'이라는 대답이 돌아온다. 그런데 안타깝게도 '몸가짐'이라고 대답한 사람에게서 청결함을 느낄 수 없는 경우가 꽤 많다.

접객 종사자라면 머리로 아는 것보다 실천하는 데, 그 의미가 있다. 또한 '자신은 고객에게 어떤 인상을 주고 있는가?'라는 관점을 갖는 것이 중요하다.

대형 항공사의 객실 승무원 매뉴얼을 보면 몸가짐에 대한 규정이 상세히 나와 있다. 신입 시절에 나는 그 규정을 준수하면서도 한편으로 이런 생각을 했다.

'주의만 받지 않으면 괜찮다. 고객에게 불쾌한 인상을 주지 않

으면 그것으로 족하다.'

그야말로 '매뉴얼의 지시를 따르는 삼류 수준'이었다.

그런데 시간이 지나면서 달라졌다. 후배가 들어오고 후배를 지도하는 선배로서 후배가 본받을 만한 몸가짐을 보이려고 노력했다. 그랬더니 고객에게 칭찬받는 일이 점점 늘어났다.

고객은 접객하는 사람의 사소한 부분까지 다 보고 있다.

고객의 칭찬이 늘어나면서 이때부터 나는 몸가짐에 '집착'하기 시작했다.

여기서 '집착'은 타협하지 않는다는 뜻이다.

가령 머리를 묶는 것 하나도 머리카락이 삐져나오거나 흘러내리는 일이 없도록 바지런히 하고 머릿결과 광택까지 신경을 썼다. 또한 스카프로 리본을 맬 때도 좌우 균형을 맞추고 예쁜 모양을 만들려고 애썼다.

이후 세월이 흘러 나는 서비스 훈련 교관이 되었다.

교관으로서 많은 훈련생을 지도하면서 '몸가짐이 바른 사람은 이득을 본다'라는 사실을 몸소 깨달았다.

어느 한 군데 흐트러짐 없이 사소한 부분까지 신경을 쓴 바른 몸가짐, 이런 몸가짐을 보이는 훈련생은 수많은 훈련생 가운데서도 단숨에 눈길을 끈다. '신은 디테일에 있다'라는 표현이 딱 들어맞는다.

몸가짐에 신경을 쓰는 것만으로도 일에 임하는 신중한 자세와 성실함, 올바른 프로 정신을 드러낼 수 있다.

그렇기에 일류는 말하지 않아도 한눈에 고객에게 프로 정신을 느낄 수 있도록 몸가짐에 '집착'한다.

❶ 화장은 유행을 너무 좇지 않는다.
❷ 유니폼에 얼룩이나 주름은 없는지?
❸ 치마가 너무 짧지 않은지?
❹ 구두를 깨끗하게 잘 닦았는지?
❺ 흘러내린 머리카락은 없는지?
❻ 손톱 매니큐어가 화려하거나 벗겨지지 않았는지?
❼ 사이즈가 적절한지?
❽ 스타킹이 나가지 않았는지?

Road to Executive

일류는
집착한다.

 복장과 헤어스타일이 깔끔한지 세세하게 확인하자.

건네는 방법

삼류는 '떨어뜨리지 않도록' 건네고
이류는 '타이밍 좋게' 건넨다
일류는 어떻게 건넬까?

　다른 사람에게 물건을 건넬 때는 '상대방이 물건을 확실하게 받은 것을 확인한 후에 손을 떼는 것'이 전제 조건이다. 너무나도 당연한 것이지만 바빠서 서두르거나 주의가 산만할 때 상대방이 받았다고 착각하고 손을 떼서 물건을 떨어뜨리는 경우가 종종 발생한다.

　접객의 세계에서 고객이 제대로 받지 않았다는 변명은 통하지 않는다.
　그래서 깨지기 쉬운 물건이나 액체가 든 컵은 특히 더 신경을 써야 하고 잔돈이나 서류를 건넬 때도 바닥에 떨어지지 않도록 주의해야 한다.
　진짜 중요한 것은 접객을 하는 쪽이 항상 신중하게, 확실하게 물건을 건네야 한다.

또한 예의 바르게, 기분 좋게 건네야 한다. 대화를 나누고 있는 고객 사이를 무리하게 끼어들거나 물건을 조심성 없이 함부로 다루는 일은 삼가야 한다.

일류는 이런 기본을 충분히 익힌 후에 고객에 대한 배려와 생각을 담아서 물건을 건넨다.

예를 들어 일류는 '물건을 받는 위치'도 고려한다. 고객이 서 있을 때는 시선이 거의 동일선상에 있지만 고객이 앉아있을 때는 접객하는 입장에서 생각하는 것보다 훨씬 더 낮다.

예전에 레스토랑에서 직원이 메뉴판을 치우는데 메뉴판 모서리가 내 눈앞을 쓰윽 지나쳐서 하마터면 부딪치는 줄 알고 식겁했던 기억이 있다.

이 경우는 '물건을 건네는 행위'가 아니라 '치우는 행위'지만 물건을 꺼낼 때든 치울 때든 앉아 있는 사람의 눈높이를 의식하는 것이 매우 중요하다.

이외에도 아주 많다. 가령 뜨거운 철판에 올린 햄버거를 서빙할 때 고객이 화상을 입지 않도록 조심해야 한다. 그리고 이런 의미에서 음식은 되도록 낮은 위치에서 서빙하는 것이 좋고 이를 철저하게 지켜야 한다.

이처럼 고객의 시선을 의식하면서 물건을 건네는 행위에는 만일의 사고를 미연에 방지한다는 의미도 있고 고객이 '자연스러운 자세로 물건을 편하게 받을 수 있는 위치'를 고려한다는 의미도 있다.

또한 일류는 '건네는 물건의 상태'에도 신경을 쓴다.
가령 음료 잔이나 광택이 있는 안내 책자 등을 건넬 때 최대한 지문이 남지 않도록 잡는다. 그리고 고객이 곧바로 사용할 수 있도록 또는 곧바로 볼 수 있도록 건네는 방향까지 배려한다.

물건을 건넬 때는 두 손으로 건네는 것이 기본이다. 그런데 어쩔 수 없이 한 손으로 건네야 하는 상황이 생기도 한다. 이럴 때는 '한 손이라서 죄송합니다'라는 말과 함께 건넨다.
그러면 '마음으로는 두 손'이라는 생각이 고객에게 전달된다.
한 손으로 건네는 것 자체가 실례가 아니라 행동에 담긴 마음이 중요하니까.

Road to Executive

일류는
마음을 담아서
물건을 건넨다.

고객의 눈높이를 생각해서
물건을 건넬 위치와 상태까지 신경 쓰자.

자세

삼류는 항상 '등이 구부정한 자세'를
　이류는 '불쾌함을 주지 않는 자세'를 취한다
　　일류는 어떤 자세일까?

　바른 자세를 유지하는 것은 건강상의 이유에서도 외관상의 이유에서도 바람직하다고 생각한다.

　우리는 평소 자신의 뒷모습에 무관심하기 쉬운데 뒷모습, 즉 등은 자신이 생각하는 것 이상으로 다른 사람에게 자주 목격된다. 그리고 등은 그 사람의 나이를 고스란히 드러내도 한다.

　TV에서 이런 실험을 하는 것을 본 적이 있다. 20대인 AD씨의 등에 충전재를 넣고 지나가는 사람들에게 뒷모습을 보고 나이를 가늠해 보라는 실험이었다.

　예상대로 사람들은 등에 충전재를 많이 채우면 채울수록 더 구부정해 보이고 나잇살이 있어 보여서 그런지 실제 나이보다 더 많게 대답했다. 바른 자세가 외관에 얼마나 큰 영향을 미치는지 잘 알 수 있는 실험이다.

신입 훈련생이었을 때 나는 교관에게 '좀더 자세를 바르게 하면 좋을 것 같다'라는 주의를 받은 적이 있다.

그런데 주의를 받고서도 오히려 가슴을 쓸어내리며 안심했다.

왜냐하면 표정을 고치라거나 지식이 부족하다는 지적이 아니라 '자세만 지적을 당해서 다행이다'라고 생각한 것이다.

당시에 나는 미숙했고 자세의 중요성에 대해서 미처 깨닫지 못했다.

나중에 훈련 교관으로서 수많은 훈련생을 가르치는 입장이 되고 나서야 새삼 자세가 얼마나 중요한지를 깨달았다. 자세가 바른 사람은 그것만으로도 활기차고 의욕이 넘쳐 보인다. 그리고 무엇보다 바라보는 것만으로도 우아하고 아름답다.

하지만 자세가 나쁜 사람은 '따분해 보인다', '지쳐 보인다', '늙어 보인다' 등 실제로 그렇지 않은데 부정적인 오해를 사고 만다.

나의 동료 중에 전직 연극부 교관이었던 사람이 있다.

그녀는 항상 등을 쭉 편 곧은 자세라서 멀리서 보아도 한눈에 띄었다. 관객이 바라보는 무대라는 장소에서 당당하게 연기를 펼치면서 곧은 자세가 몸에 자연스럽게 베인 것이다. 그녀를 보고 '자세는 정말 중요하구나'하고 깨달았던 기억이 있다.

고객 앞에 서는 접객 직원은 외관으로 불쾌감을 주어서는 안 된다. 물론 외관이 전부는 아니지만 바른 자세는 바라보고 있는 것만으로도 기분이 좋아진다.

  일류는 고객 앞에 설 때 항상 자세를 신경 쓴다.
  바른 자세를 익히기 위해서 일상 속에서 간단히 실천할 수 있는 방법이 있다.
  거리를 다닐 때 유리창에 비친 자신의 모습을 보고 자세를 확인하는 것이다. 일상 속에서 자신의 자세와 뒷모습을 살펴보고 주의를 기울이면 자연스럽게 바른 자세를 익힐 수 있다.
  일류는 항상 바른 자세를 유지하기 위해서 평소에도 노력을 게을리하지 않는다.

Road to Executive

일류는
활기차고 의욕이 넘치는
자세를 취한다.

 유리창에 비친 자신의 모습을 확인하자.

체형 관리

삼류는 '유니폼만 맞으면 된다'고 생각하고
　이류는 '마른 체형이 좋다'고 생각한다
　　일류는 어떻게 생각할까?

　용모와 관련된 규정은 때로는 물의를 일으킨다.

　회사나 조직에서 직원에게 용모와 관련해서 어떤 명령을 내리면 '인권' 문제로 비화될 소지가 상당히 높다. 하지만 나는 이런 식의 통제를 제외하고 체중, 체형 등의 자리 관리는 중요하다고 생각한다.

　그렇다고 해서 모든 접객 종사자가 모델처럼 늘씬한 몸매를 유지해야 한다는 것은 아니다. 접객이라고 해도 업종은 다양하다. 고객에게 제공하는 서비스나 상품에 따라서 주목해야 하는 부분은 각각 다르다.

　즉 고객이 직원을 봤을 때 '안심할 수 있는지', '믿을 수 있는지'

의 관점이 중요하다. 예를 들어 '날씬한 몸매'를 만들어 주겠다는 체형 관리 매장에서 뚱뚱한 직원을 만난다면 고객이 믿음이 가겠는가? '건강한 몸'을 만들어 주겠다는 피트니스센터 직원이 당장이라도 쓰러질 듯 창백한 얼굴에 뼈만 앙상한 몸이라면 어떻겠는가? 오히려 걱정이 앞서지 않겠는가? (웃음) 또한 체형은 아니지만 '치아 화이트닝'을 추천하는 치과에서 고객이 상담 직원의 치아를 유심히 살펴보는 것도 이와 마찬가지다.

유니폼을 착용하는 직장에서는 유니폼을 맵시 있게 입을 수 있는 체형을 유지하기 위해서 노력하는 것이 좋다. 유니폼이란 '입기만 하면 되는 것'이 아니다. 맵시 있게 입으면 본래 갖고 있던 유니폼 자체의 아름다움이 돋보여서 외관적인 인상까지도 크게 달라진다.

또한 사이즈를 선택할 때는 괜히 한 사이즈 작은 것을 고르거나 살이 쪘을 때를 대비해서 큰 사이즈를 고르지 말고 현재 체형에 잘 맞는 사이즈를 선택하는 것이 좋다.
일류는 과도한 다이어트를 피하고 과음이나 과식으로 급격하게 살이 찌는 것을 경계한다. 자신을 스스로 통제하고 '건강한 신체'를 유지하기 위해서 체형과 체중을 관리하는 것도 일의 연장선이라고 생각하는 것이다.

여담이지만 나는 유니폼 치마를 좋은 의미에서 나 자신을 통제하는 기준으로 삼는다. 치마의 허리둘레가 껴서 불편하면 칼로리가 높은 음식을 줄이고 먹는 시간대도 조심한다.

외형상의 이유만이 아니라 능률적으로 일하기 위해서라도 '건강한 외형'은 매우 중요하다.

Road to Executive

일류는 어떻게 하면 유니폼의 아름다움이 돋보일 수 있을지를 생각한다.

 유니폼의 허리 사이즈를 자기 관리의 기준으로 삼자.

품행

삼류는 '세련되지 못한' 품행을
이류는 '상대방을 배려하는' 품행을 보인다
일류는 어떤 품행을?

행동이 바르고 점잖은 품행을 몸에 익히는 지름길은 '주변에 본인 이외에 다른 사람이 있다'는 것을 염두에 두고 행동하는 것이라고 생각한다.

가령 지하철 좌석에 앉을 때 당신은 특별히 신경을 쓰거나 조심하는 부분이 있는가?

물론 여성의 경우 치마를 입었다면 무릎을 가지런히 모을 것이고 이런 행동도 중요하다. 또한 좌석에 앉을 때 어떡하든 힘을 조절해서 조용하게 사뿐히 앉으려고 조심할 수도 있다. 이는 중력의 힘을 이기지 못하고 '쿵!'하고 철퍼덕 앉는 행동과 큰 차이가 있다.

직접 겪어 보면 알 수 있다.

누군가가 옆 좌석에 '쿵!'하고 앉으면 생각보다 큰 진동과 충격이 전달된다. 혹시 꾸벅꾸벅 졸고 있다가 옆 사람이 준 충격으로 깜짝 놀라며 깬 적이 있는가?

이런 예도 있다.

고속 열차나 비행기를 타면 대개 좌석 테이블이 앞좌석 등받이에 붙어 있다.

테이블을 꺼낼 때 또는 원위치로 되돌려놓을 때 앞좌석에 앉은 사람이 받을 진동이나 소음에 대해서 생각해 본 적이 있는가? 이런 부분에 신경을 쓰는 것과 쓰지 않는 것 사이에는 상당히 큰 차이가 있다.

물론 소리를 아예 안 낼 수는 없다. 하지만 앞의 예시처럼 중력의 힘을 이기지 못한다면 '자리에 앉으면서 손을 엉덩이 쪽에 대는 것'만으로도 옆 사람에게 전달되는 진동과 충격을 조금이나마 줄일 수 있다.

즉 '옆에 누군가가 있고 그 사람을 생각해서 하는 행동' 이것이 배려 있는 품행의 첫걸음이다.

이는 공공장소와 관련된 사례지만 접객 종사자도 평소에 이런 품행을 갖춰야 한다.

왜냐하면 고객에 대한 배려는 '하는 편이 좋다'가 아니라 '하는 것이 당연하다'는 의식이 요구되기 때문이다.

문, 서랍, 커튼 등을 열고 닫거나 물건을 놓을 때 되도록 큰 소리가 나지 않도록 주의하고 허리를 구부려서 물건을 주울 때는 주변 사람에게 엉덩이가 향하지 않도록 해야 한다. 또한 물건을 건넬 때는 정중해야 한다.

사실 소리나 진동에 대한 배려가 필요한 경우는 일상생활 속에서도 넘쳐난다. 그렇기에 접객 종사자의 경우 평소 습관이 고객 앞에 나섰을 때 시험받게 되는 것이다.

일류는 배려 있는 행동을 하는 것은 물론 더 나아가 '품위 있고 반듯하게 보이는 것'에도 신경을 쓴다.

손짓을 할 때는 손가락을 가지런히 붙이고 물건을 낼 때는 꺼내는 속도와 상대방의 눈높이까지 고려한다.

일류는 자신의 행동에 온화함과 품위를 담아서 '배려+고객의 마음을 사로잡는 것'을 지향한다.

Road to Executive

일류는
배려+고객의 마음을 사로잡는
품행을 추구한다.

고객에게 반듯하게 보이는
속도와 움직임을 생각해 보자.

눈맞춤(eye contact)

삼류는 시선을 상대방의 '손 주변'에 두고
이류는 시선을 상대방의 '얼굴'에 둔다
일류는 시선을 어디에 둘까?

초등학생 시절에 학교 선생님이나 부모님께 '다른 사람의 이야기를 들을 때는 그 사람의 눈을 봐야 한다'라는 가르침을 받는 사람이 많을 것이다.

눈맞춤, 즉 아이 콘택트(eye contact)는 '당신에게 집중하고 있다'라는 신호다.

기본 예의이고 중요하다는 것을 머리로는 알고 있으면서도 좀처럼 실천하지 못하는 사람이 많다는 생각이 들 때가 종종 있다.

예를 들어 기업 연수에서 대표가 개회사를 할 때가 그렇다. 대표가 줄곧 시선을 아래로 떨구거나 준비한 자료를 읽는 데만 열중하는 경우가 적지 않다. 이런 경우에는 접객 서비스에 관한 이야기를 시작하기 전에 상대방에 대한 예의와 경의를 어떻게 표현할 것인지부터 시작해야 한다.

접객에서 아이 콘택트의 목적은 단순히 '눈을 마주치는 것'이 아니라 '상대방에 대한 경의와 호의를 전달하는 것'에 있다.

물론 아이 콘택트의 첫 번째 단계로 상대방의 눈을 바라봐야 하지만 그 시선에 어떤 생각과 마음이 담겨 있는지가 무엇보다 중요하다.

왜냐하면 상대방과 눈을 마주치더라도 그 시선에 상대방을 얕보거나 깔보는 마음이 담겨 있거나 단순히 '매뉴얼대로 할 뿐이다'라는 저급한 생각이 담겨 있으면 고스란히 상대방에게 전달되기 때문이다. 이것이 아이 콘택트의 놀랍고도 무서운 점이다.

그야말로 옛말의 '눈은 입보다 더 많은 것을 말해준다'가 아닐 수 없다.

또한 말뿐인 행동은 아이 콘택트를 통해서 상대방에게 간파되고 만다.

당신은 어떤 생각과 마음을 담아서 고객을 바라보는가? 당신의 생각과 마음이 잘 전달될 수 있도록 부드러운 시선을 보내는 데 신경 쓰도록 하자.

일류는 아이 콘택트와 부드러운 시선은 물론 더 나아가 고객에게서 시선을 뗄 때의 인상까지도 고려한다.

당신은 다른 고객이 기다리고 있거나 어쩔 수 없이 다른 일로

옮겨가야 할 때 몸과 마음이 이미 그쪽으로 향했던 적이 없는가?

그렇게 하면 눈앞의 고객에 대한 아이 콘택트가 산만해지고 만다.

고객에게 '자신의 시선을 거절하듯, 회피하듯 저쪽으로 가버렸다…'라는 부정적인 인상을 줄 수 있다. 이런 인상을 주지 않으려면 시선을 회피하거나 옆으로 돌리지 말고 시선을 한 번 천천히 아래로 떨어뜨리는 방법을 추천한다.

일류는 '마음을 담은 아이 콘택트'가 물거품이 되지 않도록 고객에게서 시선을 뗄 때도 아쉬움을 남기면서 정중하게 거두려고 노력한다.

Road to Executive

일류는
아이 콘택트로
상대방에 대한 경의를 표현한다.

 고객에게서 시선을 뗄 때야말로 배려심을 발휘하자.

일류의 '통찰력'은?

기분을 알아차리는 힘

삼류는 고객이 '말을 걸어오면' 응대하고
　이류는 고객이 '말을 걸기 전과 후'에 응대한다
　　일류는 어떤 응대를 할까?

　'상대방의 기분을 알아차린다', '상대방의 입장이 되어서 생각한다'는 일상생활 속에서도 빈번하게 요구된다. 그러니 접객의 세계에서는 필수 과목이 아니겠는가?
　최근에는 기술의 발달로 컴퓨터가 사람의 표정을 보고 감정까지 분석한다고 하는데, 상대방의 '마음'을 헤아릴 수 있는 것은 오직 인간뿐이다. 이런 인간의 장점을 접객에 활용하기 위해서는 '통찰력'을 갈고닦는 것이 매우 중요하다.

　고객이 어떤 생각을 하고 무엇을 원하고 어떤 감정인지를 알려면 항상 '안테나'를 켜둬야 한다. 그리고 그런 안테나를 작동시키는 방법과 정밀도가 양질의 수준 높은 통찰력을 결정한다.
　나는 승무원 시절에 선배나 상사에게 자주 '등에도 눈을 붙여

야 한다'는 말을 많이 들었다.

신입이었던 나는 '등에 눈을 붙이라고? 그게 말이 돼?'라며 투덜댔다. 참뜻을 몰랐던 것이다.

'등에 눈을 붙이라는 것'은 가령 기내식 서비스를 마치고 다음 탑승객의 좌석으로 카트를 밀고 지나간 후에도 지나온 탑승객에 대한 안테나를 켜두면 그것만으로도 탑승객의 '기척'이나 '시선'을 느낄 수 있어서 추가적인 요구 사항에도 응대할 수 있다는 뜻이다.

이는 초능력이 아니다. 무의식중에 자신의 시선을 그쪽에도 두는 것이다. '의식'이라는 안테나를 켜고 이를 통해서 '오감'을 열심히 갈고닦았던 일화 중 하나다.

그런데 이 안테나가 '시선의 앞과 뒤'로만 맞춰지는 직선의 바늘 형태라면 같은 직선상에 없는 고객이 보내는 사인을 미처 받지 못하는 경우가 발생한다.

비행기 객실이나 호텔 로비, 음식점 로비 등과 같이 주변에 수많은 고객이 있는 경우에는 직선형의 안테나로는 부족하다.

일류는 눈앞의 고객에게 신중한 자세로 서비스하면서도 '조밀한 망 형태의 안테나'를 켜고 주변에 있는 모든 고객이 보내는 사인을 받으려고 전력을 다한다.

그리고 안테나의 정밀도를 갈고닦기 위해서 자신의 경험을 바탕으로 데이터를 구축하고 그 데이터에 기초해서 통찰하고 더 나아가 '향후 어떻게 하면 좋을까?'라는 창조력까지 발휘하는 노력을 아끼지 않는다.

나는 데이터의 축적이 근속 연수에 비례한다고 생각하지 않는다. 익숙함에 젖어서 몸에 밴 대로만 일하는 날이 많은들 안테나의 정밀도는 높아지지 않으니까.
'고객이 왜 그런 말을 했을까?'
'고객이 왜 그런 행동을 했을까?'
'내가 어떻게 하면 좋았을까?'
'좀더 좋은 방법은 없었을까?'
이처럼 항상 다양한 각도에서 검증해 보면 양질의 데이터를 얻을 수 있고 안테나의 정밀도 또한 높아진다.

Road to Executive

일류는
360도
응대한다.

 자신의 경험을 바탕으로 데이터를 만들고 분석하자.

불공평하지 않으려면

삼류는 '눈앞'의 고객만 살피고
이류는 '단골' 고객만 살핀다
일류는 누구를 살필까?

이어서 '통찰력'과 관련된 다양한 상황을 살펴보고자 한다.

고객을 1:1로 응대하는 경우는 눈앞의 고객'만' 잘 살피면 된다. 하지만 다수의 고객을 응대해야 하는 경우에는 좀더 세심한 배려가 필요하다.

늘 정하여 놓고 거래를 하는 단골 고객은 오랫동안 당신과 당신의 회사를 응원해온 사람이다.

그런 단골 고객에게 특별 서비스를 제공하는 회사나 매장이 많은 것은 감사의 마음을 표현하기 위해서다.

이와 마찬가지로 접객을 할 때도 지금까지 지지해준 것에 대한 감사와 '앞으로도 잘 부탁드린다'라는 마음을 명확하게 전달하는 것이 좋다.

이익과 매출의 측면에서 따져보면 일반 고객보다 단골 고객에게 관심과 에너지를 더 많이 쏟는 편이 현명하다고 판단하는 사람도 있을 것이다.

　하지만 일류는 딱 한 번뿐인 이용일지라도 일기일회(一期一會)의 정신을 잃지 않는다.
　가령 처음 방문한 음식점에서 점원이 단골만 상대하고 자신은 안중에도 없었던 적은 없는가? 있었다면 아마도 매우 불쾌했을 것이다.

　'나를 방치했다.'
　'나도 손님인데….'
　'나는 환영조차 받지 못하는 것인가?'

　단골이 아닌 고객도 '소중한 고객'이다.
　물론 이용 빈도가 낮은 고객을 의도적으로 소홀히 하는 사람은 없을 것이다. 하지만 고객의 눈에 '그렇게 비치는 경우'가 있다. 이런 오해는 쌍방 모두에게 안타까운 일이 아닐 수 없다.
　따라서 접객 종사자는 단골 고객과 담소를 나눌 때도 반드시 다른 고객의 존재를 시야에 넣고 있어야 한다.
　혹시라도 서운한 마음으로 시간을 보내고 있지 않은지 아니면 전혀 아무렇지 않게 자신만의 시간을 즐기고 있는지 등을 파악해야 한다.

고객의 이용 빈도나 지불 금액에 따라서 물리적으로 제공하는 서비스 항목의 차이는 존재할 수 있다. 하지만 모든 고객을 소중히 여기는 '마음'은 똑같아야 한다.

일류는 단골 고객에게 감사의 마음을 표하는 동시에 그 모습을 바라보는 다른 고객의 마음까지도 두루 살핀다.

적절한 타이밍에 모든 고객에게 말을 걸고 시선을 교환해서 고객이 느꼈을 불공평한 기분을 해소한다.

단골 고객에게는 '또 이용해 주세요'라는 마음으로 성심성의껏 응대하고 처음 방문한 고객에게는 서운한 감정이 생기지 않도록 항상 안테나를 켜두자.

Road to Executive

일류는
단골 고객+신규 고객에게
말을 건다.

적절한 타이밍에
모든 고객에게 말을 걸고 눈을 마주치자.

서프라이즈 연출

삼류는 '규칙에 따라서' 연출하고
이류는 '고객의 만족도'를 살핀다
일류는 무엇을 살필까?

   누군가를 기쁘게 해주려고 몰래 준비하는 깜짝 이벤트인 서프라이즈다. 받는 사람도 기쁘지만 준비하는 사람도 상대방이 '어떤 표정을 지을까?'를 상상하면서 준비하기에 가슴이 콩닥콩닥 뛰는 즐거운 시간이다. 생일, 기념일, 청혼 등 특별한 날의 서프라이즈 이벤트는 양쪽 모두의 기억에 멋진 하루로 남는다.

   그런데 나는 예전에 방문했던 레스토랑에서 조금 당황스러웠던 경험이 있다.
   레스토랑 직원들이 케이크를 들고 내 자리에서 조금 떨어진 커플 좌석으로 향했다.
   계산을 하면서 나는 그 모습을 슬쩍슬쩍 봤는데, 커플 중 한 명이 생일인 것을 알았고 계산이 끝나면 분위기를 봐서 '축하합니다'라며 박수를 쳐줄 생각이었다.

그런데 바로 그때였다. 한 직원이 커플 이외의 다른 고객을 향해서 이렇게 소리쳤다.

"오늘 이 고객님께서 생일이십니다! 다 같이 생일 축하 노래를 불러주세요!"

직원의 행동은 생일인 고객을 위해서 분위기를 띄우려던 '선의'인 것만은 분명하다. 물론 나도 생판 모르는 남이지만 생일이니 축하해 주고 싶었으니까.

하지만 축하를 건네는 타이밍은 '본인이 직접 정할 수 있었으면 좋겠다'라는 생각이 들었다. 왜냐하면 주변 상황을 보면 여자친구끼리 한창 즐겁게 수다를 떠는 테이블도 있었고 사업 관계자와 식사를 하러 온 모양인지 남성 두 명이 정장 차림에 진중한 표정으로 대화를 나누는 테이블도 있었기 때문이다.

만일 내가 레스토랑에서 생일 축하 서프라이즈를 받을 기회가 있다면 이벤트를 준비해준 지인과 레스토랑 직원만 축하해 주는 것으로 충분할 것 같다.

혹시라도 그런 모습을 보고 다른 테이블의 고객이 자연스럽게 같이 노래를 같이 불러주거나 박수를 쳐준다면 매우 감사한 일이지만 말이다.

　물론 사람에 따라서 성대하게 축하받는 것을 좋아하고 레스토랑의 다른 고객에게 큰 소리로 말을 걸어준 직원에게 고마움을 느끼는 사람도 있을 것이다.
　하지만 남의 시간을 방해하면서까지 자신에게 관심을 가져주기를 바라는 사람은 그리 많지 않다. 서로에게 불편한 일이니까.

　일류는 서프라이즈 이벤트가 있을 때 축하받는 사람과 그 공간에 함께 있는 사람 모두의 시간을 소중히 여긴다.
　서프라이즈는 연출하는 것이 목적이 아니라 '주인공에게 최고의 시간을 선물하는 것'이 목적이다.
　서프라이즈를 받는 주인공의 성격과 시간대, 같은 공간에 있는 사람들 등 다양한 상황에 맞춰서 계획을 짜고 실행하자.

Road to Executive

일류는
눈앞+주변 고객의
만족도를 살핀다.

 주변 고객까지 두루 살피면서 서프라이즈를 준비하자.

고객의 표정

삼류는 고객의 '얼굴'을 막연하게 쳐다보고
　이류는 고객의 '표정'을 살핀다
　　일류는 무엇을 볼까?

　앞에서 통찰력을 높이려면 '오감'을 사용해야 한다고 언급했다. 오감 중에서도 시각을 통해서 얻을 수 있는 정보는 매우 많다. 그런데 고객을 무의식적으로 막연하게 바라보고 있어서는 아무런 의미가 없다.
　그저 고객의 모습을 눈에 담는 꼴일 뿐이니까.

　접객 종사자는 고객의 표정을 통해서 기분을 알아차리는 것이 중요하다.
　가령 당신은 고객이 매장에 들어올 때 어떤 표정인지 자세하게 살펴본 적이 있는가?
　웃고 있는지, 피곤한 얼굴인지 아니면 무서운 얼굴인지 살펴보는 것이다. 만일 지금까지 단순하게 '고객이 매장에 들어왔다'

는 사실만 확인했다면 이번을 계기로 고객이 어떤 표정으로 매장에 들어오는지 잘 살펴보자.

만일 고객의 표정이 어둡다면 매장에 들어오기 전에 무언가 불만스러운 일이 있었을지도 모르고 피곤한 표정이라면 매장 안에서는 여유롭게 시간을 보내고 싶을지도 모른다.

이럴 때는 평소보다 소음에 신경을 쓰고 조용한 공간을 제공해야 한다. 그리고 되도록 과도한 접근은 삼가는 편이 현명하다.

고객에게서 멀찌감치 떨어져서 지켜보다가 적절한 타이밍을 엿보고 말을 거는 것이 가장 좋다.

이와 반대로 웃는 얼굴에 행복한 표정이라면 그런 기분이 지속될 수 있도록 응대한다.

즉 고객의 표정을 보고 어떤 기분인지를 빨리 알아차려야 그에 맞는 접객 서비스가 가능한 것이다. 단순하게 정보를 수집하는 것이 목적이 아니다. 고객의 표정을 통해서 알아낸 정보를 활용해서 불만의 싹을 미리 잘라내는 데에 목적이 있다. 또한 고객이 즐겁고 행복한 기분이라면 더 즐겁게, 더 행복하게 보낼 수 있도록 배려하는 것이 목적이다.

그런데 '통찰력'이 항상 적중률 100%를 보일 수는 없다.

왜냐하면 사람은 저마다 타고난 얼굴 생김새가 다르기 때문이다. 얼굴 표정은 온화해 보여도 실제로 무언가 불만이 있을 수도 있고 선뜻 다가가기 어려운 인상이거나 화가 난 것처럼 보여도 실제로 말을 걸어보면 온화한 경우도 있다. 이는 접객하는 사람의 오판이다. 따라서 어디까지나 '통찰'이지 '결론'을 내리는 것은 위험하다.

하지만 적중률 100%를 보장할 수 없어도 사전에 예측하고 마음의 준비를 한 후에 임하는 접객은 '무의식적'인 접객과는 질적으로 다르다. 기우(杞憂)는 웃어넘길 수 있지만 불만의 싹을 간과하는 일은 절대로 있어서는 안 된다.

일류는 고객의 표정을 보고 기분을 알아차리고 접객에 임한다. 그리고 표정만이 아니라 얼굴색에도 주의를 기울인다.
얼굴색은 고객의 몸 상태를 확인하는 기준이다. 고객의 갑작스런 이상 증세에 당황하지 않도록 그리고 고객이 안전하고 쾌적하게 보낼 수 있도록 신경 쓴다.
또한 표정만으로는 적중률 100%를 보장할 수 없으니 아이 콘택트를 통해서 '고객의 눈에 담긴 해답'을 찾으려고 최선의 노력을 다한다.

Road to Executive

일류는
고객의 표정과
안색, 눈빛을 살핀다.

 고객이 매장에 들어올 때 그 모습을 주목하라.

고객의 몸짓

삼류는 고객이 '말'을 걸면 알아차리고
이류는 고객이 '손'을 들면 알아차린다
일류는 무엇으로 알아차릴까?

    시각을 통한 정보는 표정만이 아니라 고객의 눈빛을 보고서도 얻을 수 있다.

    가령 당신은 음식점에서 직원을 부르고 싶은데 아무리 '용건이 있다'는 눈빛으로 쳐다봐도 알아주지 않아서 '여기요!'라고 큰 소리로 불렀더니 그제서야 직원이 알아봐 준 경험이 있는가?

    물론 직원이 '용건이 있으면 말을 걸면 되잖아요'라고 반문하면 할 말은 없다. 하지만 큰 소리로 부르지 않아도 직원이 알아줬던 경험이 있는 사람에게 어느 쪽의 접객이 보다 높은 만족감을 줄지는 굳이 따지지 않아도 잘 알 것이다.

    황실 전용기나 항공사 일등석을 담당하는 경우 승무원은 탑승객이 호출 버튼을 누르지 않아도 그들의 몸짓이나 행동을 통해서 '용건이 있다'는 것을 알아차리고 빠르게 접객에 임해야 한다.

오해의 소지가 없도록 덧붙이자면 원래 모든 탑승객 좌석을 대상으로 이런 서비스가 가능해야 하고 그것이 가장 이상적이다. 담당 탑승객의 수에 따라서 물론 힘든 경우도 있지만 승무원은 모든 고객을 대상으로 이런 의식을 갖고 임해야 한다.

예를 들면 비행기 안에서 다른 탑승객을 응대하고 있어서 곧바로 좌석까지 갈 수 없는 상황일 때는 고객의 '용건이 있다'는 시선을 알아차리고 아이 콘택트로 '부르셨네요. 잠시만 기다려주시면 곧바로 가겠습니다'라는 사인을 보내는 것만으로도 상황은 크게 달라진다.

승무원이 곧바로 좌석까지 와주지 못하더라도 고객은 안심하고 기다릴 수 있다.

또한 고객의 시선이 어디를 향하고 있는지를 알면 시선이 머무는 곳에서 고객이 바라는 바를 미리 예측할 수 있다.

예를 들어 고객의 시선이 에어컨에 머무른다면 에어컨 바람이 불쾌한 것일 수도 있고 온도가 너무 낮거나 높은 것일 수도 있나. 또 창가에 앉은 고객이 안절부절못한다면 화장실에 가고 싶은데 옆 좌석의 고객에게 선뜻 말하지 못하는 상황일 수도 있다.

또한 고객이 손목시계를 여러 번 확인한다면 도착 후에 급한 용무가 있는 것일 수도 있다.

일류는 고객의 작은 몸짓 하나도 놓치지 않는다. 말하지 않아도 고객의 사인을 알아차리는 접객은 고객에 대한 관심의 표현이자 고객이 쾌적하고 안전하게 보냈으면 하는 바람과 배려다.

간혹 고객 중에 '그냥 내버려 뒀으면 좋겠다'라는 사인을 보내는 사람도 있다. 이런 경우에는 그 기분을 존중하고 배려한다. 다만 도중에 기분이 바뀔 수도 있으니 안테나를 켜둔다.

'그냥 내버려 뒀으면 하는 기분'이 바뀌지 않는 경우가 있는가 하면 도중에 '자신의 속도에 맞춘 접객 서비스를 받고 싶다'라는 기분으로 바뀔 가능성도 있다.

따라서 내버려 두길 바라는 고객에게도 항상 안테나를 켜두고 고객의 몸짓이나 행동을 통해서 기분의 변화를 파악할 수 있도록 노력하자.

Road to Executive

**일류는
고객의 시선을 통해서
기분을 알아차린다.**

 작은 몸짓 하나도 놓치지 않도록 노력하자.

소리

삼류는 고객의 '말'에 귀를 기울이고
　이류는 고객의 '목소리 톤'에 귀를 기울인다
　　일류는 무엇에 귀를 기울일까?

오감 중 하나인 청각도 잘 활용하면 통찰력을 높일 수 있다. 고객과 대화를 나누는 동안 고객이 하는 말을 '글자 그대로' 받아들이고 판단하면 고객의 진짜 기분, 즉 속마음을 알아차릴 수 없는 경우가 발생한다.

예를 들어 문제가 생겨서 고객에게 사과했을 때 고객이 아무렇지 않게 '됐어요', '괜찮아요'라고 답했다고 하자. 이 말을 곧이곧대로 듣고 '고객이 괜찮다고 했으니 이 건은 이것으로 끝이다'라며 안이하게 결론을 내렸다가 나중에 고객 불만이 접수되는 경우가 종종 있다.

따라서 접객 종사자는 고객의 감정을 섣불리 판단하지 말고 청각을 활용해서 고객의 목소리 톤이나 말투까지 정확하게 듣고 파악해야 한다. 또한 청각을 통해서 파악한 고객의 감정을 헤아릴 줄 알아야 한다.

이때 시각도 같이 활용해서 고객의 표정까지 살핀다면 보다 정확하게 고객의 기분을 이해하고 가까이 다가갈 수 있다.

예를 들어 고객의 '물 좀 주세요!'라는 말을 생각해 보자. 그저 단순하게 목이 말라서 물을 마시고 싶은 경우도 있지만 약을 먹으려고 물이 필요한 경우도 있다.

아니면 한 참 전에 부탁한 물을 가져다주지 않아서 불쾌한 경우도 있다. 이처럼 '물을 가져다주는 작업'도 상황에 따라서 고객에게 건네야 할 말이 달라진다.

한편 청각을 고객이 내는 소리에만 활용할 것이 아니라 자신의 소리에도 활용해야 한다.
일류는 자신의 목소리 크기나 작업할 때 발생하는 소음에도 민감하다.

접객 서비스에서 고객에게 쾌적한 공간을 제공하는 것도 중요한 부분이기에 고객이 있든 없든 큰 소리로 사담을 나누는 행동은 어불성설, 접객 종사자로서 부적절하다.

설령 사담이 아니라 업무상 필요한 대화라고 해도 그 공간에 맞는 목소리 톤과 크기를 고려해야 한다.

시끌벅적한 소리가 음식점의 분위기를 띄운다는 긍정적인 측면도 있지만 작업할 때 나는 소음은 대개 귀에 거슬리는 경우가 많다.

평소에 서랍을 열고 닫을 때, 문을 열고 닫을 때, 테이블에 물건을 놓을 때, 식기를 치울 때 나는 소리 등 서비스 도중에 나는 소음에 민감하게 반응하고 조심하는 것이 좋다.

사람이 어떻게 아무 소리도 안 낼 수 있겠는가? 하지만 최소한으로 소음을 낮출 수는 있으니 노력해 보자.

일류는 접객 서비스를 할 때 되도록 소리가 울리지 않도록 손을 대는 등 주의를 기울여서 고객의 귀에 불쾌한 소음이 나지 않도록 배려한다.

즉 고객이 내는 소리에도 자신이 내는 소리에도 청각 안테나를 켜고 항상 민감하게 움직인다.

Road to Executive

**일류는
모든 소리에
귀를 기울인다.**

 불쾌한 소음이 발생하지 않는지 항상 귀를 기울이자.

체감 온도

삼류는 '매뉴얼대로' 설정하고
　이류는 '자신의 체감 온도'를 기준으로 삼는다
　　일류는 무엇을 기준으로 삼을까?

　승무원으로 일하면서 항상 어려웠던 것 중 하나가 기내 온도 설정이었다.

　내 경험에 비추어 보면 남자와 여자를 비교하면 일반적으로 여자가 추위를 더 타는 편이고 외국인과 내국인을 비교하면 외국인이 더위를 더 타는 경향을 보였다.

　또한 더운 리조트 여행지에서 귀국하는 비행기 편에는 햇볕에 그을린 사람이 많은 탓인지 평소보다 춥다고 말하는 탑승객이 많았다.

　이처럼 체감 온도는 사람과 상황에 따라서 달라진다.

　비행 매뉴얼의 설정 온도는 계절을 반영해서 정한 사항이지만 어디까지나 기준치다.

상황에 맞춰서 온도를 재설정하는 경우를 항상 고려해야 한다.

신입 시절에 내가 저질렀던 실수담을 하나 소개하겠다.

기내 통로를 지나 가는데 한 남성 탑승객이 나에게 "자네는 춥지 않은가?"라고 물었다. 한창 기내식 서비스를 하고 있던 터라 반소매 블라우스 차림이었지만 바쁘게 움직이고 있어서 오히려 살짝 덥게 느껴졌다. 그래서 "네, 괜찮습니다!"라고 웃으며 대답했다. 그런데 조금 후에 나는 '아, 그런 뜻이 아니었구나. 실수하고 말았다!'라고 생각했다.

남성 탑승객이 던진 질문의 의도는 '기내 온도가 낮으니 조정해 달라는 것'이었다. 탑승객의 질문에 괜찮다고 대답한 후에 기내 서비스를 하던 손을 잠시 멈추고 주위를 둘러보고 나서야 주변 탑승객도 추워한다는 것을 알았다.

이 실수를 계기로 나는 자신의 체감 온도와 고객의 체감 온도가 다르다는 것을 깨달았다.

기내식 서비스를 하느라 바빠서 온 정신을 그쪽에만 두고 고객의 상태를 세심하게 살피지 못했던 나쁜 사례가 아닐 수 없다.

물론 접객하는 사람이 느끼는 '춥다'와 '덥다'라는 감각이 쓸데없는 것만은 아니지만 매뉴얼의 설정 온도와 마찬가지로 '어디까지나 기준'에 불과하다는 것을 알아야 한다.

일류는 설정 기준 온도와 자신의 체감 온도를 바탕으로 고객의 성별과 국적, 시각을 통해서 얻은 정보를 종합해서 기내 온도를 조정한다.

즉 기내 온도를 설정할 때 '고객의 체감 온도'를 기준으로 삼는 것이다.

일류는 고객이 쾌적하게 지낼 수 있는 온도를 파악하고 편안한 공간을 만드는 데 최선을 다한다.

일류의 '통찰력'은?

Road to Executive

일류는
고객의 체감 온도를
기준으로 삼는다.

 고객의 상황에 맞춰서 온도를 설정하자.

후각을 활용하자

삼류는 자신의 '냄새'에 둔하고
이류는 자신의 '향기'에 신경을 쓴다
일류는 어떻게 할까?

접객에서 주의해야 할 것은 많지만 다른 사람이 지적하기 어려운 부분이라서 각별히 신경 써야 하는 것이 있다. 바로 '냄새'다.

특히 입 냄새나 체취는 다른 사람이 지적하기 어려울 뿐만 아니라 본인조차도 자각하기 어렵다. 그래서 접객하기 전에는 되도록 냄새가 강한 마늘이나 향신료 등의 섭취는 삼가는 편이 좋다.

또한 기분 전환으로 담배를 피우거나 커피를 마시는 사람은 옷에 밴 냄새와 입 냄새에 세심한 주의를 기울여서 기본 예의를 지키도록 한다.

탈취 스프레이를 뿌리거나 이를 닦거나 껌을 씹는 등 냄새를 없애는 노력이 필요하다. 여담이지만 나는 승무원 시절에 항상 민트 사탕을 휴대했다.

또한 본인은 향이 좋아서 사용한 핸드크림이나 바디크림이 다른 사람에게도 좋으리라는 보장은 없다.

하물며 향수는 어떻겠는가? 향수를 진하게 뿌리면 주변 사람에게 심한 불쾌함을 줄 수 있다. 도망갈 곳도 없는 만원 지하철에서 이런 경험을 해본 사람이 있을 것이다. 진한 향수만큼 견디기 힘든 고역은 없다.

특히 음식을 취급하는 공간에서는 정성껏 만든 요리와 음료의 향을 방해할 가능성이 높다. 설령 향수만큼 지속성이 길지 않더라도 바람직하지 않으니 주의하자.

일류는 접객하기 전에 자신이 섭취하는 음식과 몸 상태를 관리하고 입 냄새나 체취를 확인한다. 그리고 자신에게 나는 냄새는 물론 주변의 모든 것에 후각을 예민하게 작동시킨다.

예를 들어 고객이 머무는 매장이나 객실 등의 공간에서 나는 냄새다. 화장실에 가까운 좌석의 경우 고객의 쾌적성을 위해서 화장실 위생과 청결 유지에 최선을 다하고 탈취에 각별히 주의를 기울이는 것도 접객의 프로로서 중요한 일이다.

또한 레스토랑에서 식사를 할 때는 맛있는 냄새를 즐기지만 누군가가 식사를 하고 떠난 자리에서 나는 냄새에 민감한 고객도 있다. 입장 순서가 되어서 고객을 좌석으로 안내하는 경우 일류는 쾌적한 공간을 제공하고 유지하기 위해서 테이블에 남겨진 음식과 식기를 깔끔하게 치우는 것은 물론 냄새에도 신경을 쓴다.

또한 일류는 고객이 풍기는 냄새에도 민감하다. 내가 경험했던 사례를 하나 소개하겠다. 기내에서 대부분의 탑승객이 기내식을 즐기고 있는데 갑자기 매니큐어를 꺼내서 바르기 시작한 탑승객이 있었다. 사실 매니큐어는 식사하는 사람에게 상당히 불쾌한 냄새다.

그래서 '죄송하지만 다른 탑승객이 식사 중이시니 잠시만 매니큐어 사용을 자제해 주실 수 있을까요?'라고 정중하게 부탁했고 협력을 얻었다.

참고로 평소에 '뭔가 타는 냄새가 난다', '어디선가 이상한 냄새가 난다' 등 후각을 민감하게 훈련시키면 냄새를 재빠르게 알아차릴 수 있다.

때때로 고객에게 제공할 수 없는 상태의 제품을 평소 습관대로 무심코 제공하고 말았다는 뉴스를 접하곤 한다. 평소 후각을 단련해 놓았다면 '어? 뭔가 이상한 냄새가 나는데?'라며 금방 알아차릴 수 있지 않았을까?

일류는 접객을 할 때 자신이 '고객의 마지막 보루'라는 의식을 갖고 고객에게 제공하는 모든 것에 자신의 후각을 최대한 활용한다.

Road to Executive

**일류는
모든 냄새에
민감하다.**

 고객의 쾌적성을 방해하는 냄새는 모두 차단하자.

눈부심

삼류는 고객의 '눈이 부시다'는 말을 듣고 움직이고
　이류는 '시간'에 따라서 움직인다
　　일류는 언제 움직일까?

비행기, 고속 열차, 버스 등을 탔을 때 햇빛에 눈이 부셔서 '누군가 커튼을 좀 쳐줬으면 좋겠는데…', '누군가 햇빛 가리개 좀 내려줬으면 좋겠는데…'하고 생각했던 적이 있을 것이다.

만일 창가 좌석에 앉은 사람에게 햇빛이 비치면 본인의 쾌적성을 위해서 커튼을 칠 것이다. 그런데 햇빛이 비치는 각도에 따라서 창가 좌석이라도 눈이 부시지 않을 때가 있다. 오히려 창가에서 멀리 떨어진 좌석이 눈이 부실 때가 있다.

누군가가 '눈이 너무 부셔요. 어떻게 좀 해 주세요!'하는 마음의 소리를 들어준다면 좋으련만 그런 기대가 통하는 일은 극히 드물다.

창가에 앉은 사람이 선한 인상이라면 '죄송하지만 제가 눈이 부셔서 그러는데 커튼 좀 쳐주시겠어요?'라고 말이라도 걸어보겠지만 실제로 낯선 사람에게 부탁하기란 쉽지 않다.

결과적으로 눈이 부시는 것을 참고 어떡하든 그 시간을 넘기는 사람이 대부분이지 않을까?

만일 이런 상황을 맞닥뜨린 적이 있다면 그때 느꼈던 자신의 감정을 의식에 새겨 두었다가 나중에 접객에 활용해 보길 바란다.

어떤 매장은 매뉴얼에 '저녁 ○시부터 커튼을 친다'와 같이 일정한 시간을 정해놓고 고객의 눈부심을 방지하는 대책을 마련하기도 한다.

비행기의 경우 장거리 비행을 하는 국제선에서는 탑승객이 기내식을 마친 후에 각자 자유롭게 자신의 시간을 보낸다. 대개 휴식을 취하거나 영화를 시청하기에 '기내 조명을 어둡게 하는 것'이 자연스런 흐름이 되었다.

그렇다고 '정해진 것'은 아니므로 만일 관광객이나 단체 탑승객이 많아서 바깥 풍경을 즐기거나 친구끼리 카드놀이를 한다면 굳이 기내 조명을 어둡게 해야 할 필요가 있을까 싶다. 오히려 탑승객을 무시한 작업의 흐름이 아닐까?

일류는 고객의 상황을 살피고 실내조명의 밝기를 판단하고 조절할 줄 안다.

 또한 어느 시간대든 '햇빛이 강해서 눈이 부시다는 고객의 사인'을 놓치지 않으려고 무던히 노력한다.
 경험을 바탕으로 눈앞의 고객을 세심하게 살피는 일, 이것이 '알아서 배려하는 접객'을 위한 철칙이다.

Road to Executive

일류는
고객이 말하기 전에
대처한다.

 규칙에 얽매이지 말고 눈앞의 상황에 맞춰서 응대하자.

일류의 '대화력'은?

고객에 대한 인사

삼류는 '고객을 보지도 않고' 인사하고
이류는 '밝고 명랑하게' 인사한다
일류는 어떤 인사를 건넬까?

인사는 커뮤니케이션의 기본이라고 자주 언급되는데, 그렇다고 해서 '하기만 하면 되는 것'은 아니다. '무엇을 위해서 하는지'를 곰곰이 생각해 볼 필요가 있다.

고객이 매장에 들어섰을 때 열린 자동문에 반응해서 고객의 얼굴은 보지도 않고 '어서 오세요!'라고 연발하는 점원의 인사는 인사가 아니다. 고객의 얼굴을 보지 않았으니 매장 안에서 여러 번 지나칠 때마다 '어서 오세요'라고 말하는데, 가끔은 '아까도 봤잖아요!'라고 받아치고 싶기도 하다.

나는 '인사는 상대방에 대한 승인'이라고 생각한다. 특히 상대방이 고객이라면 '감사'와 '경의'의 마음을 담아야 한다.

그래서 인사를 '언제 어디서든 밝고 명랑하게 큰 소리로 먼저 건넨다'라는 것을 무턱대고 실전에 적용하는 것은 조금 위험하다고 생각한다.

왜냐하면 앞에서도 언급했듯이 인사는 커뮤니케이션의 기본이자 도구다.

상대방이 없는 일방통행적인 인사는 때로는 상황에 맞지 않는 경우가 발생할 수 있기 때문이다.

예를 들어 당신이 카페에 앉아서 조용히 책을 읽으면서 자신만의 시간을 즐기고 있다고 하자.

점원이 물 잔을 채워주려고 다가왔을 때 당신이라면 어떻게 해주길 바라는가?

밝고 우렁찬 목소리로 '실례합니다만 물을 더 채워드릴까요?'라고 묻기를 바라는가? 아마도 그렇게 해주면 좋겠다고 말하는 사람은 드물 것이다.

내 경험에 비추어 보면 일류는 이런 상황에서 나지막한 목소리로 '실례합니다'라고 말하고 조용히 물을 따라주는 세련된 접객을 선보인다.

자신이 건넨 인사가 고객의 시간을 방해하지 않도록 배려하는 것, 이것이야말로 '상대방의 존재를 인정하는 진정한 인사'다.

새벽 비행의 경우 대부분의 탑승객은 빨리 좌석에서 앉아서 단 1분이라도 눈을 붙이고 싶어 한다. 그런데 승무원이 큰 목소리로

'안녕하세요!'라는 인사를 20분 동안이나 지속한다면 어떻겠는가? 반가움을 표현하려던 인사가 오히려 탑승객에게 '방해가 되는 소음'으로 전락할 수 있음을 항상 염두에 두어야 한다.

일류는 '한시라도 빨리 쉬고 싶어 하는 고객'과 눈이 마주쳤을 때 소리를 내서 인사하기보다는 '가벼운 미소'로 인사를 건네는 선택지를 택한다. 또한 자기 주변을 정리하거나 짐을 챙기느라 바쁜 탑승객에게는 여유를 갖고 탑승객의 타이밍에 맞춰서 인사를 건넨다.

물론 '밝고 명랑한 인사'를 부정할 생각은 없다.
가령 운동 경기에서 경기를 시작하기 전에 나누는 인사나 도장에 들어갈 때 나누는 인사 등은 밝고 큰 목소리로 건네는 것이 맞다.

일류가 생각하는 인사란 '당신이 거기 있다는 것을 알고 있어요', '당신에게 경의와 호의를 갖고 있어요'라는 마음을 전달하는 수단으로 항상 '고객의 존재'를 의식하고 건네는 것이다.

Road to Executive

일류는
경의와 호의가 전달되는
인사를 건넨다.

 인사를 건넬 때는 목소리 톤과 타이밍을 고려하자.

고객에 대한 제안

삼류는 '이것이 좋다'라고 말하고
이류는 '이것을 추천한다'라고 말한다
일류는 뭐라고 말할까?

당신은 고객에게 무언가를 제안할 때 어떤 방법을 택하는가?

이 역시 상황에 따라서 다른데, 오랜 시간 내가 만나온 대부분의 고객은 '본인이 스스로 선택할 수 있는 것'에 기쁨을 느끼는 경우가 많았다.

물론 좋은 제품이라고 자신할 수 있어서 고객에게 추천하고 싶을 때나 이미 고객과의 신뢰 관계가 돈독한 경우 '이 제품을 추천드립니다'라고 말하면 고객이 기뻐하는 때도 꽤 있다.

그런데 고객 중에는 '아니다'라고 단번에 거절하지 못하는 사람도 있다.

'모처럼 추천해 줬는데, 거절하면 기분이 나쁘겠지?'

'이 상품은 좀 그런데…, 다른 상품은 없으려나?'
일류는 이런 고객의 속마음을 파악하고 여러 개의 선택지를 준비한다.

나는 예전에 레스토랑에서 직원에게 미안했던 적이 있다. 사람마다 느끼는 바가 다르겠지만 직원이 오늘의 추천 메뉴를 열심히 설명해 줬는데, 설명이 끝나자마자 다른 메뉴를 주문했기 때문이다.

이럴 때마다 나는 접객에서 고객에게 제안하는 방법이 얼마나 어려운지 실감하곤 한다.

기내에서 탑승객에게 '어떤 잡지책이든 상관없으니 한 권만 가져다 달라'는 부탁을 받을 때가 있다. 신입 시절에 나는 그 말을 곧이곧대로 듣고 정말로 '아무거나 상관없겠지?'하며 한 권만 들고 간 적이 있다.

그 한 권이 탑승객의 취향과 딱 맞으면 얼마나 좋겠는가? 하지만 탑승객 중에는 '이거 말고 다른 잡지책은 없을까요?'라고 묻는 사람도 있었다.

한 권만 가져다 달라는 상황일지라도 여러 개의 선택지를 미리 준비하는 배려가 중요하다는 것을 깨달은 값진 경험이었다.

일류는 고객의 '선택하는 기쁨'과 '거절하지 않아도 되는 편안함'을 염두에 두고 접객을 한다.

이를 토대로 고객과의 긍정적인 관계를 구축하고 고객이 어떤 취향인지, 무엇을 선호하는지 등을 파악하려고 최선을 다한다.

또한 추천하는 편이 고객에게 기쁨을 줄 수 있는 상황이라는 확신이 섰을 때는 추천하기도 한다.

즉 '추천'이 고객에게 '강압'이 되지 않도록 조심하는 것이다.

Road to Executive

일류는
'어떤 것이 좋으신가요?'라고
제안한다.

 복수의 선택지를 준비하자.

감사함을 전하는 방법

삼류는 '기계적으로' 감사하다고 말하고
　이류는 '웃는 얼굴로 밝게' 감사하다고 말한다
　　일류는 어떻게 감사의 마음을 전할까?

접객에서 '감사합니다', '고맙습니다'는 없어서는 안 될 중요한 인사말이다. 실제로 승무원으로 근무하면서 가장 많이 사용했던 인사말이다.

그런데 일상에서도 사용 빈도가 높아서일까? 접객 상황에서 '형식적인 인사치레'가 되어버린 것 같은 기분이 들 때가 있다. 마치 무언가에 곁들이는 장식품처럼 의미 없이 연발하면 고객에게 오히려 실례가 될 수 있으니 주의하자.

'감사합니다', '고맙습니다'라는 인사말은 상대방의 얼굴과 눈을 보고 말하는 것이 최소한의 예의다.
또한 감사의 마음을 전하는 것이니 밝은 미소와 웃음을 짓는 것이 자연스럽다.

그런데 간혹 가슴이 벅차오를 정도로 감사할 때는 눈물이 날 것 같아서 웃기 힘든 경우도 있다. 이럴 때는 애써 웃지 않아도 고객이 그 마음을 알아준다. 오히려 이것이 진실한 감사의 표현이 아닐까?

즉 접객에서 감사의 말을 건넬 때 '무표정'은 안 된다는 것이다.

일류는 고객에게 감사의 마음을 전할 때 조금이라도 더 잘 전달되는 방법을 선택한다.

그것은 바로 '무엇에 대한 감사인지'를 명확히 하는 것이다.

예를 들어 고객에게 구하기 힘든 인기 디저트를 선물로 받았다고 하자.

이때 '감사합니다'라며 기쁘게 받는 것만으로도 감사의 마음을 충분히 전달할 수 있지만 '구체적인 말'을 덧붙이는 것이다.

'무척 구하기 힘들다고 들었는데, 이렇게 귀한 것을 주시다니 대단히 감사합니다'라고 말하면 고객에게 선물의 가치를 알고 있다는 것을 전할 수 있다.

또한 '항상 줄이 길게 서 있는 곳인데 일부러 줄까지 서서 사다 주시다니요!'라고 말하면 고객의 노고를 치하하고 노고에 대한 감사의 마음까지 전달할 수 있다.

그러나 이를 접객의 기술로 쉽게 사용할 수는 없다.

왜냐하면 감사의 마음을 전달하는 방법은 상대방의 행동과 기분 그리고 배경을 이해하려는 상상력이 필요하기 때문이다.

일류는 고객에게 감사의 마음을 전할 때 '보다 구체적으로 말한다'를 의식한다. 그래서 고객의 기분과 행동의 배경에 관심을 갖고 구체적이면서도 진실한 '감사합니다'라는 인사말을 건네려고 노력한다.

Road to Executive

일류는
이유와 함께
감사 인사를 전한다.

 고객의 기분을 이해하고 있다는 것을 전달하자.

존경어 표현

삼류는 '귀에 거슬리는' 존경어를 구사하고
　이류는 '도가 지나친' 존경어를 구사한다
　　일류는 무엇을 사용할까?

　접객 업계에 오래 몸담았던 사람으로서 '올바른 존경어'는 영원히 주목해야 할 중요한 주제라고 생각한다. 왜냐하면 언어는 시대와 함께 용례가 변하기 때문이다. 예전에는 아니었던 문법이 언제부턴가 허용되기도 하고 본래 의미와 다른 형태로 사용되기도 한다. 심지어 전문가들 사이에서도 무엇을 정답으로 봐야 할지 의견이 분분한 것도 있다.

　다만 내 경험상 말할 수 있는 것은 '존경어를 잘못 사용했다'고 해서 이것이 고객 불만으로 이어진 적은 단 한 번도 없었다는 사실이다.

　즉 존경어를 사용할 때 주의해야 할 것은 '마음가짐'이다.
　존경어를 잘못 사용할까 봐 두려워할 필요는 없다. 오히려 존경어를 올바르게 사용할 자신이 없다며 고객과의 대화를 주저하고 기회를 잃는 것을 두려워해야 한다.

그렇다고 해서 '적극적으로 고객과 대화를 나눌 수 있다면 존경어를 익히지 않아도 된다'는 것은 아니다. 접객 종사자라면 항상 자신의 입에서 나오는 말에 주의를 기울이고 갈고닦는 노력을 게을리해서는 안 된다.

당신은 직장 매뉴얼에 정해진 접객용 존경어 표현이 고객의 귀에 어떻게 들리는지 생각해 본 적이 있는가?

직원이 많은 직장에서 교과서와도 같은 매뉴얼에 고객의 귀에 거슬리지 않는 단어를 실을 필요가 있을까?

또한 고객에게 더욱 정중해야 한다는 생각에 존경어에 존경어가 더해진 이중 표현을 사용하는 경우는 어떤가?

내가 저질렀던 어처구니없는 실수는 '끝나셨으실까요?'라는 이중 표현이다. 교관이었을 때 훈련생 앞에서 오용하고 말았다.

원래는 '끝나셨습니까?'가 올바른 존경어다. 나는 뒤늦게 선배 교관에게 지적을 받고서야 알았고 쥐구멍에라도 들어가고 싶은 심정이었다.

또한 '~해드리겠습니다'를 남용하는 경우도 종종 있다. 어떤 경우든 앞에서 언급했듯이 존경어를 잘못 사용했다고 해서 고객이 크게 화를 내거나 꾸짖는 경우는 극히 드물다. 하지만 세련되

존경어 표현

지 못한 인상을 남기는 것은 부인할 수 없다.

  일류는 고객이 듣기에 거북하지 않고 기분 좋은 존경어를 구사하려고 노력한다. '~해드리겠습니다'가 적합한 상황에서는 사용하지만 '~하겠습니다'로 충분한 상황에서는 '~해드리겠습니다'라고 말하지 않는다.
  또한 '고객이 듣기에 거북하지 않고 기분 좋은 존경어'라는 관점에서 어미를 올리거나 늘리는 것을 피하고 세련된 말투와 어조를 구사하는 데 신경을 쓴다.

  '올바른 존경어'라는 정답에 얽매여서 자연스럽게 행동하지 못한다면 이보다 더 큰 손해는 없다.
  일류는 자신의 입에서 나오는 말을 갈고닦는 노력을 게을리하지 않는다.
  시대와 함께 변하는 언어에 관심을 갖고 지금까지 자신이 내뱉었던 말을 돌이켜 보면서 '고객에게 기분 좋게 들리는 존경어란 무엇인지'를 진지하게 생각해 보자.

Road to Executive

일류는
듣기에 거북하지 않고
기분 좋은 존경어를 구사한다.

 도가 지나친 존경어는 삼가자.

청취력

삼류는 자신이 먼저 '설명'하려고 하고
　이류는 듣는 것이 중요하다며 '맞장구'를 친다
　　일류는 어떻게 할까?

　많은 사람들이 이미 잘 알고 있겠지만 듣는 힘, 즉 '청취력'은 매우 중요하다. 고객은 자신의 이야기에 귀를 기울이고 정확하게 들어주길 바란다.
　그런데 나를 포함해서 말하는 것을 좋아하는 사람은 자신도 모르는 사이에 말이 많아지는 경향이 강하므로 주의해야 한다.

　다른 사람의 이야기를 잘 들어주는 사람은 호감을 산다.
　그래서 '몸을 상대방 쪽으로 기울여서 듣는다', '적절한 타이밍에 맞장구를 친다' 등 '당신의 이야기를 귀담아듣고 있다는 것을 가시화하는 행동'을 추천하는 것이다.
　나도 상대방의 오해를 사지 않는 선에서 이런 '가시화된 행동'은 필요하다고 생각한다. 하지만 이것이 오로지 보이기 위한 단순한 '쇼'라면 생각해 봐야 한다. 상대방에게 경망스러워 보일 뿐이니까.

일류는 고객이 '정말로 하고 싶은 말이 무엇인지'를 생각하면서 듣는다.

이런 마음가짐과 의식이 필요한 이유는 고객이 말하고 싶은 것을 알면 고객의 '소중한 것', '취향', '말의 이면에 숨겨진 감정'까지 파악할 수 있기 때문이다. 그리고 그 감정에 공감하는 대답을 하면 고객은 이내 안심한다.

'이 사람은 내 기분을 이해해 주는 사람이다.'

'내 말을 잘 알아듣는 사람이다.'

이런 안심은 더욱 신뢰 관계를 보다 돈독하게 다지는 밑거름이 된다.

예전에 나는 탑승객에게 인사를 하러 갔다가 "지금은 방해가 될 뿐이에요!"라며 혼이 난 적이 있다.

갑작스런 호통에 깜짝 놀라서 당황스러웠지만 정신을 차린 후에 다시 탑승객을 찾아갔다. 그리고 아까는 방해가 되어서 죄송했다는 사과와 함께 탑승 인사를 나눴다.

그러자 탑승객은 "아휴, 정말이지 지치는군요"라고 말했다. 이 말은 고객이 나에게 보내는 화해의 신호였다.

이를 재빨리 알아차린 나는 "일이 무척 바쁘셨나 봅니다"라고 맞장구를 쳤다. 이후 탑승객은 탑승하기 직전까지 스케줄이 얼마나 빡빡했는지, 파견된 이후의 근무 상황이 얼마나 가혹했는지 등 자신의 이야기를 구구절절 늘어놓았다.

나는 탑승객의 비서도 아니고 아내도 아니다. 그러니 스케줄의 사소한 부분까지 알 필요는 없다. 그런데 탑승객은 왜 이런 이야기를 주저리주저리 늘어놓았을까? 탑승객이 정말로 하고 싶었던 말은 무엇이었을까?
아마도 '아까 갑자기 화를 내서 미안하다'는 사과를 하고 싶었던 것이 아닐까? 자신이 그런 태도를 취할 수밖에 없었던 이유, 즉 복잡하고 정신없었던 자신의 상황과 배경을 말해주고 싶었던 것이다.

일류는 고객의 이야기를 들을 때 고객이 그 이야기를 꺼낸 이유와 심리, 배경 등을 이해하려고 노력한다.
통찰력에 청취력을 더해서 보다 돈독한 신뢰 관계를 구축하는 것을 지향한다.

Road to Executive

일류는 고객의 심리나 배경을 고려하면서 이야기를 듣는다.

'고객이 정말로 하고 싶은 말은 무엇일까?'를 생각해 보자.

고객의 말실수

삼류는 '곧바로' 정정하고
이류는 '정중하게' 정정한다
일류는 어떻게 할까?

접객을 하다 보면 고객이 말실수를 할 때가 있다.

사람이니 당연한 일인데 접객 종사자가 고객의 말실수를 흐지부지 넘겼다가 나중에 예기치 못한 결과를 초래하는 경우도 있다. 이럴 때는 고객에게 실례가 되지 않는 선에서 정확하게 확인하고 넘어갈 필요가 있다.

물론 상황이나 문맥을 통해서 말실수의 올바른 뜻을 판단할 수 있다면 굳이 정정할 필요는 없다.

그냥 넘어가도 별문제 없다.

일류는 모든 접객의 상황에서 '고객에게 창피를 주지 않는다'를 항상 염두에 두고 일한다.

예전에 편의점에 들렀을 때의 일이다. '젓가락 드릴까요?'라는 점원의 질문에 나는 무심코 '네, 하나 주세요'라고 대답했다. 그랬더니 점원이 '한 벌이죠'라고 정정을 하는 것이 아닌가? 순간 당황스럽고 창피했던 기억이 있다(웃음). 점원의 지적이 맞고 내가 틀리긴 했지만 내심 '좀 봐주지…'하는 생각이 들었다.

다른 예로 예전에 봤던 드라마 속의 한 장면이 있다. 점원이 손님에게 스테이크의 굽기 정도를 묻자 손님이 '미디엄'이라고 말해야 할 것을 '밀레니엄'이라고 말실수하는 장면이 나왔다. 점원은 이때다 싶게 '미디엄이죠?'라고 정정하며 다시 물었는데, 이런 상황은 현실에서도 종종 일어난다.

물론 직원이 '정정해서 다시 말하는 것'에 그다지 개의치 않는 고객도 많다. 하지만 나라면 '고객에게 창피를 주지 않는다'라는 관점에서 '네, 알겠습니다'라고 대답하고 말았을 것이다.

접객은 '사람'을 상대하는 일이다.
저마다 느끼고 받아들이는 방법이 다르다. 또한 같은 고객일지라도 그날의 컨디션이나 환경에 따라서 기분이 상하는 정도가 달라지기도 한다. 따라서 접객은 '섬세한 감성을 지닌 고객'에게 초점을 맞춰야 한다.

아주 사소한 말의 뉘앙스가 자그마한 심적 스트레스를 초래하고 그것이 쌓이고 쌓이면 갑자기 큰 화로 번질 수 있다.

고객은 '옳은가?' '그른가?'의 관점에서 판단하는 사람만 있지 않다.

앞서 스테이크의 사례에서 손님의 말실수를 지적하는 것이 목적이 아니라 '스테이크를 어느 정도로 구우면 좋을지를 확인하는 것이 목적'이다.

정정하기보다는 뭔가 다른 표현을 사용해서 확인했다면 고객에게 창피를 주지 않고 마무리할 수 있지 않았을까?

일류는 고객에게 창피를 주지 않는 것을 염두에 두고 나중에 크게 문제될 것이 없다면 고객의 말실수를 듣고 넘기는 선택을 한다.

그렇다고 일을 설렁설렁하는 것이 아니다.

'확인해야 할 것'과 '듣고 넘겨도 되는 것'의 판단을 명확히 하고 반드시 고객의 확인이 필요할 때는 '단어를 신중하게 선택하고 어떻게 표현할지'를 고심한다.

Road to Executive

일류는
정정할 필요가 없는 말실수는
듣고 넘긴다.

 만일 정정해야 한다면 다른 표현을 써보자.

펜을 빌려줄 때

삼류는 '빌려준다는 것'을 강조하고
이류는 '돌려줬는지'를 묻는다
일류는 어떻게 말할까?

접객을 하다 보면 고객이 '펜을 빌려 달라'고 부탁하는 경우가 있다. 이때 펜을 빌려줄 수는 있지만 반드시 반환해야 한다는 것을 전제로 어떻게 말하면서 건네면 좋을까?

예전에 스테이크 하우스를 방문했을 때의 일이다. 나는 젊은 남자 직원에게 '펜 좀 빌릴 수 있을까요?'라고 물었다. 그러자 '잠시 빌려드릴 수만 있습니다'라고 답하는 것이 아닌가? (웃음)

어딘가 어색하고 이상한 표현이었지만 존경어 표현이니 문법이니 하는 문제는 차치하고 직원이 '빌려준다는 것'을 강조한 이유에 주목해 보자.

직원의 말은 '틀리지 않았다' 그런데 접객이라는 측면에서 봤을 때 좀더 고객을 배려하는 표현이었다면 좋지 않았을까?

필시 무단으로 펜을 가지고 가는 도덕성이 부족한 고객으로 인해서 속상한 일이 많았던 모양이다.

나는 펜을 다 쓰고 직원에게 돌려줬다. 그런데 계산을 하던 도중 점장처럼 보이는 직원에게 재차 '고객님 펜은…?'이라는 확인을 받았다.

물론 '펜은 돌려주셨나요?'라고 직설적으로 묻지는 않았지만 '돌려줬어? 안 돌려줬어?'라며 추궁하고 싶어 하는 기분이 고스란히 전해졌다.

여기서 내가 살짝 의아했던 것은 남자 직원이 점장처럼 보이는 사람에게 '고객에게 펜을 빌려줬다'는 보고는 하고 왜 '돌려받았다'는 보고는 게을리했을까 하는 점이다.

재차 언급하지만 이런 '물건 반환에 대한 집착'이 평소에 도덕성이 부족한 고객으로 인해서 마음고생을 했기 때문인 것은 이해한다.

하지만 그런 부분을 중시한 나머지 양심적인 고객에게마저 날카롭게 경계심을 세우는 것은 안타까운 일이 아닐 수 없다.

일류는 '반환'이 중요한 물건을 빌려줄 때 '다 사용하신 후에는 테이블 위에 올려두시면 감사하겠습니다'라고 말한다.

'고객의 수고와 불편을 덜어준다'라는 관점에서 고객에게 다가가는 방법이다.

또는 찬반론이 있겠지만 앞의 예시처럼 빌려주는 물건이 볼펜이라면 고객이 돌려주지 않아도 일에 지장이 없도록 준비해 둔다. 이는 도덕성이 부족한 고객의 행동을 인정하거나 봐주는 것이 아니다.

비양심적인 일부 고객으로 인해서 양심적인 고객에게 '아니, 지금 내가 펜을 돌려주지 않았다고 따지는 거야?'라는 부정적인 인상을 남기는 것은 무척 안타까운 일이기 때문이다.

접객을 하다 보면 진퇴양난, 이러지도 저러지도 못하는 상황이 많이 발생한다.

일류는 종합적인 판단을 내리고 고객에게 어떻게 말하는 것이 가장 적절한지를 항상 고민한다.

Road to Executive

일류는
고객의 수고와 불편을
던다는 관점에서 다가간다.

 양심적인 고객을 기준으로 삼자.

기억에 남는 대화

삼류는 '확인을 위한 대화'를 하고
이류는 일단 '상대방을 마구 칭찬'한다
일류는 무엇을 할까?

비행기 승무원은 매일 같은 비행기에 탑승하지 않는다.

건물 매장이나 점포와 달리 '여기 있으면 그 고객과 다시 만날 수 있다'가 보장되지 않는다.

그렇기에 나는 일기일회(一期一會), 즉 일생에 단 한 번뿐인 만남일 수도 있다는 생각이 강해서 항상 이런 마음가짐으로 일했다.

'고객의 여행길 또는 출장길의 추억 속에 남는 비행기 승무원이 되고 싶다.'

여기에는 '다시 이용해 달라'는 항공사 직원으로서의 마음과 '모처럼 만났으니 정성껏 모시겠다'라는 개인적인 마음이 뒤엉켜 있다.

자화자찬이라 부끄럽지만 승무원 시절에 나는 탑승객에게 '지난달에 ○○편에도 타지 않으셨어요?', '지난주에 △△행 비행기에도 있으셨죠?'라는 질문을 많이 받았다. 승무원의 수가 족히 수천 명은 되는데, 나를 기억해 주다니 성이 특이해서 그런 것일까? (웃음) 탑승객이 기억해 주는 것은 큰 영광이고 참으로 감사한 일이다.

내가 탑승객의 기억에 남을 수 있었던 가장 큰 이유는 '대화'라고 생각한다.

대화라고 해서 '커피는 어떠신가요?'처럼 누구나 할 수 있는 작업성 멘트를 가리키는 것이 아니다.

또한 '상대방을 칭찬하는 대화'도 아니다. 이런 방법으로 탑승객과의 거리를 좁힌 적은 없다. 이 역시 하나의 방법이지만 마음에도 없는 말은 피상적으로 들릴 가능성이 높기 때문이다. 고객을 통제하려는 목적이 있거나 대가를 바라는 '칭찬'이라면 하지 않는 편이 낫다.

일류는 접객의 모든 상황에서 고객을 자세히 살피고 정보를 수집한다.

일화를 하나 소개하겠다.

고압적인 태도를 보이는 중년의 남성 탑승객이 있었다. 그런데 겉보기와 다르게 탑승객의 휴대전화에 앙증맞은 캐릭터 스트랩이 달려있는 것이 아닌가? 나는 '분명 손주가 선물한 것이다'라고 추측했고 대화의 물꼬를 트는 첫 번째 투구로 "어머, 너무 귀여운 캐릭터네요!"라고 말을 건넸다.

그러자 내 추측이 적중했는지 남성 탑승객은 "손주 녀석이 달으라고 어찌나 성화인지…"라며 환하게 웃으며 답해줬다.

고객의 소지품이나 취향, 지금까지 보여준 행동과 표정, 몸짓을 통해서 나타나는 감정, 건강 상태 그리고 본인 확인을 위한 질문을 통해서 얻은 직업, 가족 관계 또는 좋아하는 야구팀 이야기 등….

이런 여러 가지 정보는 다른 누구의 것이 아닌 '눈앞의 그 사람만의 것=개인 정보'다.

고객의 '개인사'가 대화에 녹아 나왔을 때 비로소 '세상에 단 하나밖에 없는 유일한 대화'가 시작된다. 그리고 그때부터 그저 그런 평범한 대화가 '추억'과 '기억'으로 바뀐다.

일류는 고객과 유일한 대화를 나누려고 노력하고 고객과의 유대감을 돈독히 다짐으로써 '기억'과 '추억'에 남을 접객을 위해서 최선을 다한다.

Road to Executive

일류는
고객과 세상에 단 하나뿐인
대화를 나눈다.

 눈앞의 고객에게만 통하는 질문을 해보자.

대화를 끝맺을 때

삼류는 '태도나 표정'으로 대화를 끝맺고
이류는 '정중한 말과 미소'로 끝맺는다
일류는 어떻게 끝맺을까?

접객업에 몸담고 있는 사람 중에는 고객과 나누는 대화를 일하는 즐거움의 하나로 여기는 사람이 많을 것이다.

현장에서 여유롭게 시간을 두고 1:1 응대가 가능해서 고객의 이야기를 길게 들어줄 수 있으면 좋으련만 여건이 안 되는 경우가 많다.

예를 들어 다른 고객이 서비스 순서를 기다리고 있을 수도 있고 다른 업무가 있어서 서둘러 부서로 돌아가야 할 수도 있다.

이때 대개는 '이 건을 빨리 마쳐야 한다'는 조급함이 생기기 마련인데 접객 종사자는 이런 조급한 마음을 태도나 표정으로 드러내서는 안 된다. '거참 이야기 한 번 기네. 빨리 좀 끝냈으면 좋겠다'라는 분위기를 조성하면 고객과의 즐거운 시간이 물거품이 되고 만다.

그렇다면 웃는 얼굴로 '고객님, 죄송하지만 다른 고객께서도 기다리고 있어서요. 여기에서 이만 실례하겠습니다'라며 그 자리를 뜨는 것은 어떨까?

고객 중에는 '아 그렇군요. 알겠습니다'라며 이해해 주는 사람도 있겠지만 예민한 감정의 소유자라면 자칫 기분이 상할 수도 있다.

아무리 웃는 얼굴로 정중하게 부탁을 했어도 결국 '당신의 이야기가 길어서 다른 고객에게 피해를 주고 있다'라고 말하는 것과 똑같기 때문이다.

이렇듯 접객에서는 고객과 고객의 사이에 끼어서 옴짝달싹 못하는 경우가 꽤 많다.

일류는 이런 경우에도 고객이 창피함을 느끼지 않도록 철저하게 배려한다.

즉 '고객의 이야기가 길다'라는 것에 중점을 두지 않는다. '고객님과 이야기를 나눌 수 있어서 즐거웠습니다', '시간이 조금만 더 있다면 더 듣고 싶습니다'라는 관점에서 접근한다.

승무원 시절에 나도 "도움이 되는 이야기를 들려주셔서 감사합니다", "조금 더 이야기를 듣고 싶은데, 잠시 후에 다시 돌아와서 들어도 괜찮을까요?"라고 응대했다.

　만일 탑승객과의 거리가 가까워졌다면 일부러 "나중에 다시 온다면 방해가 될까요?"라며 친근한 말투로 응대한 적도 있다.

　또한 농담을 좋아하는 탑승객에게는 "만일 그때 쉬고 계신다면 제가 단념할게요(웃음)"라며 농담을 던진 적도 있다.

　물론 이들 사례는 고객이 좌석에 앉아서 기다릴 수 있다는 전제 하에서 성립되는 것이다.

　하지만 '어디에 중점을 두고 접근할 것인가?'라는 관점은 모든 접객 상황에 힌트가 되므로 참고했으면 좋겠다.

Road to Executive

일류는
고객의 소중한 이야기에
감사하며 대화를 끝맺는다.

 고객의 유형에 맞춰서 대화를 끝맺자.

동료에게 부탁할 때

삼류는 '○○야, 부탁해'라며 말하고
이류는 '○○씨, 미안해요'라며 부탁한다
일류는 뭐라고 부탁할까?

매장 분위기나 고객과의 거리에 따라서 달라지겠지만 기본적으로 고객 앞에서는 직원끼리도 존칭과 존경어를 사용하는 것이 바람직하다.

일이 끝나고 사적인 시간에 아무리 '○○야'라고 부르는 사이일지라도 고객이 직원끼리 부르는 호칭이나 대화를 엿들었을 때 거북하거나 불편할 만한 것은 삼가는 편이 좋다.

사적으로는 친구, 공적으로는 선배일지라도 직장에서 반말을 하거나 '○○야'라고 불러서는 안 된다.

'○○씨'라고 존칭하면 '고객의 존재를 의식하면서 일하고 있다'는 분위기를 조성할 수 있다.

특히 호텔이나 비행기 등 '비일상적인 공간'을 제공하는 접객

업계는 좀더 철저하게 지켜야 한다.

물론 앞에서 언급했듯이 동료 간의 예절은 '매장의 분위기'에 따라서 크게 좌우되기도 한다.

가령 '마치 친구 집에 온 듯 편히 쉴 수 있도록', '고객을 가족과 같이'가 회사 이념이고 고객도 이를 반긴다면 너무 형식적이거나 딱딱한 표현은 역효과를 불러올 수 있다.

어떤 경우든 '회사의 어떤 공간을 제공할 것인지'와 '고객의 무엇을 원하는지'가 일치하는 것이 가장 중요하다.

또한 일을 하다 보면 가끔 신경 쓰이는 것이 있는데, 그중 하나가 직원끼리 대화를 나누다가 튀어나오는 '미안하지만', '죄송하지만'이라는 말이다.

예를 들어 고객이 어떤 요청을 했는데, 어떻게 처리할지 몰라서 선배에게 조언을 구하거나 번거롭게 할 수밖에 없을 때 많이 사용한다.

선배에게 '죄송하지만 ○○을 좀 부탁드립니다'라고 말하거나 '미안하지만 ○○이 가능할까요?'라고 확인할 때도 무심코 내뱉는다.

누군가의 도움을 받아야 할 때 번거롭게 한다는 생각에 튀어나오는 '죄송합니다', '미안합니다'라는 말은 배려가 담긴 말로 그 자체는 별문제가 없다.

하지만 그 말을 들은 고객이 '지금 나 때문에 사과를 한 건가?', '내가 뭔가 어려운 요청을 한 건가?'하는 생각을 할 수도 있다.

일류는 고객 앞에서는 선배도 후배도 없다고 생각한다. '○○을 잘 부탁드립니다'라고 간단하게 말한다.

대신에 도움을 준 선배에게 일이 끝난 후 또는 고객의 시야에서 멀리 떨어진 곳에서 '아까 도와주셔서 너무 감사했습니다'라고 고마움을 전한다.

일단 '고객이 오해하는 일이 없도록 한다'를 항상 염두에 두자.

Road to Executive

일류는 '○○을 잘 부탁드립니다'라고 간단하게 말한다.

설령 고객에게 들리더라도
이상하지 않을 대화를 나눈다.

동료와의 보고, 연락, 정보 공유

삼류는 '확인하고 나서 보고'하고
　이류는 '의뢰받았다'고 보고한다
　　일류는 어떻게 할까?

　승무원이 되고 나서 가장 놀라웠던 것 중에 하나가 '이렇게까지 해야 하나' 싶을 만큼 '철저하게 보고하고 확인하는 작업'이었다. 또한 자신이 입수한 정보를 다른 동료와 공유하는 것도 신입 교육에서 철저하게 훈련받았고 만일의 경우 누군가로부터 어떤 정보가 들어오지 않으면 스스로 확인하러 가야 한다는 것도 교육받았다.
　같은 직장에서 일하는 동료와 '보고'하고 '확인'하고 '정보를 공유'하는 작업은 보안 요원의 측면에서도 서비스 요원의 측면에서도 누락해서는 안 되는 중요한 일이다. 확실한 업무 수행은 신뢰와 안심으로 이어지기 때문이다.

　고객을 생각하는 마음과 배려는 수많은 상황에서 항상 언급되는데, 이는 함께 일하는 동료에게도 그대로 적용된다.

예를 들어 어떤 일을 동료나 회사 직원 누군가에게 부탁했다고 하자. 부탁한 사람은 부탁한 일이 '어떻게 됐는지', '어떤 상황인지', '잘 끝났는지' 궁금할 것이다. 물론 '그 일은 어떻게 됐어요?'라고 물어볼 수 있지만 실례가 될 수 있으므로 고민한다. 또한 부탁하기 전에 부탁을 할지 말지 주저하거나 부탁할 타이밍을 엿보기도 한다.

이런 심리적인 낭비와 시간적인 낭비를 줄인다는 의미에서 부탁을 받은 사람이 '그 일은 잘 끝났다'라고 보고하는 것이 좋다. 그리고 이로써 일이 완결됐다고 마무리하는 습관을 들이는 것이 중요하다. 일류는 업무 누락이나 실수를 막기 위해서 그리고 동료에 대한 배려, 즉 부탁한 사람을 애태우지 않는다는 의미에서 '보고'를 매우 중요하게 생각한다.

또한 '보고'와 마찬가지로 '정보 공유'도 업무의 질을 높이는 데 반드시 필요한 작업이다.

예를 들어 당신은 어떤 회사에 전화를 걸어서 문의하는데 전화 응대자가 바뀔 때마다 여러 번 똑같은 질문에 답해야 했던 경험이 없는가? 같은 회사에서 이 부서에서 저 부서로, 저 부서에서

이 부서로 돌리기만 하고 아무도 책임지려 하지 않았던 경험 말이다. 이런 경험 있다면 '사내에서 정보 공유를 했으면 좋겠다'는 생각이 들 것이다.

또한 개인적인 이야기라서 조심스럽지만 예전에 나는 식품 배달을 의뢰했던 모 회사에 무척 실망한 적이 있다. 현관문이 활짝 열리지 않는 위치에 상품을 놓지 말았으면 좋겠다고 전화로 부탁했는데, 얼마 후에 배달 담당자가 바뀌면서 또다시 같은 실수를 반복한 것이다. '사내에서 정보 공유가 원활하지 못하구나'하고 느꼈던 일화다.

정보 공유는 고객 불만에 대처할 때만 유용한 것이 아니다.

고객이 '○○가 좋다'라고 자신의 취향을 말해줬을 때나 행복한 기분으로 방문했을 때, 스트레스로 지쳐서 방문했을 때 등 이런 정보를 혼자만 알고 있지 말고 함께 일하는 동료와 공유하면 '고객이 원하는 공간'을 만들 수 있다.

혼자 할 수 있는 일은 제한적이지만 동료와 협력하면 서로 의지하며 지혜를 더해서 보다 큰일을 해낼 수 있다. 이용해 준 고객의 밝은 미소와 편안한 표정을 보고 싶은 바람은 함께 일하는 동료도 마찬가지다. 동료와 함께 모두가 만족스러운 접객 상황을 만들어가는 데도 '정보 공유'는 큰 도움이 된다.

Road to Executive

일류는 동료와의 보고, 확인, 정보 공유를 거르지 않는다.

 '굳이 말하지 않아도 알겠지…'라는 발상을 버리자.

일류의 '대처력'은?

고객 불만에 대한 대처

삼류는 '죄송합니다'라고 반복하고
이류는 '말씀하신 대로입니다'라고 맞장구를 친다
일류는 어떻게 사과할까?

'고객의 불만에 보물이 숨겨져 있다'라는 말이 있다. 고객의 불만에는 서비스를 개선하는 데 활용할 수 있는 많은 힌트가 숨어 있다. 게다가 정확하게 어떤 점이 불만인지조차 말하지 않고 사라지는 고객이 많은데, 자신의 목소리를 내주는 고객이 있다면 이 얼마나 고마운 존재인가?

물론 현장에서 고객 불만에 대처하느라 고군분투하는 직원이 있다는 현실도 부정할 수는 없다.

아무리 주의를 한다고 해도 사람은 로봇이 아닌 이상 완벽할 수 없고 아무 잘못이 없는데, 고객이 불만을 토로하는 경우도 발생한다. 왜냐하면 고객은 저마다 느끼고 받아들이는 바가 다르기 때문이다.

접객을 하는 이상 고객 불만은 떼려야 뗄 수 없다. 그래서 '고객 불만을 접수한 후의 대처'가 매우 중요한 것이다.

접객에서 '고객이 불만을 표현했을 때는 진심 어린 사과를 해야 한다'라고 자주 언급하는데 실제로 그래야 한다. 그런데 '진심 어린 사과'란 도대체 무엇일까?

무조건 '죄송합니다'만 반복하면 될까? 이런 사과로는 고객의 불만을 해결할 수 없다.

일단 고객의 이야기에 귀를 기울이는 것이 중요하다. 이는 도가 지나치게 고객의 말에 맞장구를 쳐서 '성실함'을 연출하라는 의미가 아니다.

일류는 '고객이 왜 화가 났는지 그리고 어떤 해결책을 원하는지'를 파악하기 위해서 모든 신경을 집중하고 경청한다.

그래야 고객에게 '사과해야 하는 포인트'와 '해결 방법'을 명확하게 파악할 수 있다.
- 얼마나 불쾌했는지 이해해주길 바란다. (공감, 심경에 동조)
- 당장 지금의 상황을 어떻게든 해주길 바란다. (신속한 대책과 해결)
- 이런 일이 일어난 이유를 이해할 수 없다. (배경에 대한 설명)

고객은 직원이 '무엇에 대해서 사과하고 이후에 어떤 행동을 취하는지'에 주목한다. 그것이 고객의 속마음이나 생각과 일치해야 불만은 해결된다.

왜냐하면 고객 불만은 '불쾌했던 자신의 기분을 알아주길 바라는 공감'을 원하는 경우가 많기 때문이다.

그리고 잊지 말아야 할 것이 있다. '불만을 토로하는 고객도 갈등을 한다'는 점이다.

불만을 토로하기까지 참고 있었던 시간과 불만을 토로하기로 마음먹었을 때의 기분 등 일류는 이런 부분까지도 이해하려고 노력한다.

또한 악의가 있는 고객의 불만에는 의연하고 단호하게 대처해야 한다는 것을 말하고 싶다. 폐를 끼치거나 혼란을 준 것에 대해서는 사과해야 하지만 '할 수 있는 것'과 '할 수 없는 것'을 명확하게 구분하고 선을 그어야 한다.

악의적인 고객의 불만에 휘둘려서 양심적인 고객에 대한 접객을 소홀히 한다면 본말전도가 아니겠는가?

Road to Executive

일류는
'무엇에 대한 분노인지'를
파악하고 사과한다.

 고객의 말을 경청하면서
사과해야 할 포인트를 파악하자.

고객과의 거리

삼류는 고객과 '서먹서먹한' 거리를
이류는 '친근함'이 느껴지는 거리를 추구한다
　일류가 추구하는 고객과의 거리는?

　사람은 자신에게 무관심한 태도를 보이면 서운해하면서도 한편으로 자신이 쳐놓은 마음의 울타리를 무단으로 넘어오면 불쾌해한다. 마치 신발을 신은 채로 무례하게 자기 집에 쳐들어왔다고 여기는 것이다. 그래서 접객에서 고객과의 거리는 매우 중요하고 신중한 자세가 필요하다.

　물론 무뚝뚝한 응대보다는 나을지도 모른다. 하지만 친근함이 적정선을 넘어서 무례에 가까운 응대는 고객에게 악의는 없으나 스트레스를 안겨줄 수 있다.
　가령 전화 응대에서 '응, 응'하는 맞장구는 '너무 잘 안다'라는 공감을 전달할 수 있지만 접객의 측면에서는 무례한 대답이다.
　또한 나이, 수입 등 사생활을 침해하는 질문을 하거나 우월감에 찬 시선으로 조언을 하는 행동도 '신발을 신은 채로 자기 집에 무단으로 침입한 사람이다'라는 인상을 줄 수 있다.

친구가 직접 겪었던 이야기를 하나 소개하겠다.

헤어숍에 머리를 하러 갔는데, 미용사가 머리를 만지다가 "이것 좀 보세요"라며 말을 걸었다고 한다. 친구는 커트가 하고 싶었을 뿐인데, 미용사는 머리를 하나로 모아서 쥐고는 살짝 흔들면서 "이렇게 떨어지는 머리카락은 다 상해서 갈라진 거예요!"라고 말했다고 한다.

호의적으로 해석하면 미용사는 머리카락의 건강 상태에 대해서 조언해 주려는 의도였을 것이다. 하지만 별로 친하지 않은 사이인데 별안간 미용사가 머리카락이 상했다며 자신의 칠칠치 못한 부분을 꼬집는 것 같아서 친구는 기분이 썩 좋지는 않았다고 한다.

'고객을 위해서'라는 선의도 전달하는 방법과 타이밍에 따라서 역효과를 낼 수 있다는 것을 알려주는 일화다.

그렇다면 고객에게 실례가 되지 않으면서 친근함을 주는 대화는 어떻게 하면 가능할까?

이때도 역시 '통찰력'이 필요하다. 자신이 던진 공에 고객이 어떤 반응을 보이는지를 파악하는 것이다. 가령 앞의 예시에서 '머리카락과 관련해서 뭔가 신경 쓰이는 부분이 있으신가요?'라며 고객의 눈치를 살피는 공을 먼저 던져보고 고객이 그 공을 기분 좋게 받아주는지 아니하면 '그런 공은 실례다'라며 캐치볼을 끝내고 싶은지를 파악한다. 고객의 마음이 어떻게 움직이는지를 읽으면서 '고객이 느끼는 편안한 거리'를 가늠하는 것이다.

일류는 자신의 접객 스타일을 무조건 고수하거나 강요하지 않는다.
예를 들어 기내에서는 각각의 클래스에 맞는 접객 스타일이 있다.
클래스에 맞는 접객 스타일을 중시하면서도 강요하는 일 없이 눈앞의 고객이 '어떤 거리감을 선호하는지'를 항상 생각하면서 접객한다.
예를 들어 고급, 세련, 개인적인 공간을 내세우는 일등석이라도 승무원을 마치 자기 딸인 것처럼 친근하게 대해주는 탑승객이 있는데, 이런 경우에는 평소보다 한 발 가까운 거리에서 응대한다.
또한 이코노미석에 '자신의 공간과 속도'를 소중하게 생각하는 탑승객이 있다면 승무원의 편성 수에 따라서 조금 힘들 수도 있지만 탑승객의 기분에 맞춰서 응대하려고 노력한다.

접객은 고객이 제일, 즉 '고객이 있기에 가능한 것'이다. 일류는 고객이 원하는 거리를 피부로 느끼고 이를 항상 명심하면서 일한다.

Road to Executive

일류는
고객의 취향을 최우선으로 하는
기분 좋은 거리를 추구한다.

 　　　　고객의 취향을 파악하자.

바쁠 때의 고객 응대

삼류는 정색을 하며 '잠시만 기다려 달라'고 말하고
이류는 웃으면서 '잠시만 기다려 달라'고 말한다
일류는 어떻게 말할까?

접객 종사자라면 매장이 한창 바쁘고 붐빌 때 요청이 많은 고객을 응대하느라 마음의 여유가 없었던 경험이 있을 것이다.

나에게도 그런 경험이 있다. 서비스 시간이 짧은 노선에서 만석 비행일 때 항상 '실수 없이 시간 내에 잘 마칠 수 있을까?'하며 조마조마해 했다.

접객에서는 '바쁘니까', '혼잡하니까'라는 이유를 방패 삼아 고객에게 인내와 이해를 강요할 수 없다. 왜냐하면 바쁜 것은 어디까지나 접객하는 쪽의 사정이기 때문이다.

하지만 아무리 열심히 일해도 현실적으로 고객을 기다리게 하거나 고객을 찾아가는 타이밍이 늦어질 수밖에 없는 상황도 발생한다. 이럴 때는 평소보다 '밝은 미소'와 '고객에게 건네는 말'에

세심한 주의가 필요하다.

본론에서 살짝 벗어난 이야기인데 가끔 '잠시만 기다려 주세요'라는 말을 입버릇처럼 내뱉는 직원을 목격하곤 한다. 고객이 정말로 '잠시만 기다려야 하는 경우'라면 그렇게 말하는 것이 맞다. 하지만 몇 초면 응대할 수 있을 때조차 '잠시만 기다려 달라'고 말하는 행동은 '기다리는 것이 당연한 접객'으로 부정적인 인상을 줄 수 있다.

일류는 '곧바로 가져다드리겠습니다', '곧바로 가겠습니다'라고 말한다. 기본적으로 '고객을 기다리지 않게 한다'라는 마음가짐으로 일한다.

앞에서 "'혼잡하니까'라는 이유를 방패 삼아 고객에게 인내와 이해를 강요할 수 없다"고 언급했다.

그런데 '강요'는 불가능해도 고객이 알아서 '기다려 주거나 이해해 주는 경우'가 있기도 하다. 나는 실제로 여러 번 그런 고객에게 도움을 받은 적이 있다.

고객은 직원이 '어떤 자세로 접객에 임하는지', '고객을 어떻게 대하고 마주하는지'를 피부로 느낀다.

물론 모든 고객이 그러한 것은 아니지만 바쁜 상황을 이해하고 협력해 주는 고마운 고객도 있다.

일류는 고객을 자기편으로 만들 수 있다. 이는 특별한 기술도 아니요, 그렇다고 고객에게 협력을 강요하거나 대놓고 바라지도 않는다.

'고객이 기다리는 일 없이 요청을 들어주고 싶다.'
'고객의 요청에 신속하게 응대하고 싶다.'

이런 마음가짐으로 접객에 임한다.
바쁘다는 것을 핑계로 삼지 않고 일에 심취해서 고객을 성실하게 응대하는 자세, 이것이 바로 고객의 이해와 응원의 문을 여는 열쇠다.

어쩌면 일류 서비스란 고객을 기다리지 않게 하는 것일지도 모른다.
세련된 분위기와 최고급 서비스를 추구하는 공간에서는 절대로 그런 일이 일어나서는 안 될 것이다. 하지만 서비스 요원이 충분히 배치되기 어려운 환경에서 접객을 하는 직원이 있다면 내가 앞에서 설명한 '일류 접객'을 참고해 봤으면 좋겠다.

Road to Executive

일류는
'곧바로 가져다드리겠습니다',
'곧바로 가겠습니다'를
기본으로 삼는다.

 '고객을 기다리지 않게 한다'라는 의식을 갖자.

고객의 질문

삼류는 '예', '아니오'밖에 대답하지 못하고
이류는 '정보를 추가'해서 대답한다
일류는 뭐라고 대답할까?

고객의 질문에 '예', '아니오'라고 대답하면 안 되는 것은 아니다. 하지만 요즘은 귀여운 로봇이 접수처에 서 있는 시대다. '예', '아니오'밖에 대답하지 못한다면 로봇과 무엇이 다르겠는가? 사람이기에 가능한 능력을 충분히 발휘하지 못하는 것은 매우 안타까운 일이 아닐 수 없다.

접객의 세계에서는 고객에게 '말을 걸 때 몇 마디를 더 붙여라'라는 말이 있다. 나 역시 그렇게 하면 고객에게 정중한 인상을 줄 수 있기에 추천하는 편이다.

다만 몇 마디를 붙이는 것이 무엇을 위한 것인지, 그 목적을 잊어서는 안 된다.

왜냐하면 목적을 잃은 부자연스럽고 어색한 몇 마디가 고객은 안중에도 없고 자기만족에 그칠 수 있기 때문이다.

일류는 고객이 '왜 그런 질문을 했는지', 즉 마음의 소리에 귀를 기울인다.

가령 탑승객이 비행기에 오르면서 '오늘은 만석인가요?'라는 질문을 했다고 하자.

실제로 이 질문을 많이 한다.

자, 이 질문을 한 탑승객이 정말로 알고 싶은 것은 무엇일까?

대부분 '자리를 바꿔줬으면 좋겠다' 또는 '자기 좌석이 쾌적한지 알고 싶다'인 경우가 많다. 정말로 알고 싶은 것은 만석인지 아닌지가 아니라 '자신의 요청을 들어줄까?', '불안한 마음을 해소할 수 있을까?'다.

만일 공석이 충분하다면 응대는 매우 간단하다.

'오늘은 공석이 있습니다'라고 대답하고 탑승객이 원하는 좌석으로 안내하면 끝이다.

하지만 만석일 경우에는 대답할 때 요령이 필요하다.

'오늘 비행은 만석입니다', '공교롭게도 공석이 없습니다'라고밖에 대답할 수 없다면 로봇과 무엇이 다르겠는가?

일류라면 이런 질문을 던진 탑승객이 비즈니스맨일 경우 '도착해서 곧바로 회의가 있거나 바쁜 일정으로 서둘러야 할 수도 있겠구나.

곧바로 내릴 수 있는 통로 좌석을 원할 거야'라고 짐작한다.

이때 탑승객이 가장 신경 쓰는 부분은 '시간'이다. 만일 원하는 좌석으로 바꿔주지 못한다면 도착 시간을 자주 안내하거나 도착 시의 주기장 번호를 알려주는 등 조금이나마 탑승객의 불안을 해소하는 데 도움을 준다.

또한 만일 아기와 함께 탑승한 엄마가 물었다면 '아기가 울어서 옆 좌석에 피해를 주면 어떡하나 하는 걱정과 불안을 안고 있겠구나'하고 예측한다.

이때는 그런 걱정과 불안을 덜 수 있는 방법을 찾아보고 '저희 승무원이 항상 도와드리겠습니다'라는 마음을 전달하는 등 안심할 수 있도록 응대한다.

일류는 고객의 질문을 액면 그대로 받아들이지 않는다. 고객이 그런 질문을 하게 된 배경과 불안 요소까지 짐작하고 살핀다. 그래서 정중함을 가장한 획일적인 '몇 마디'가 아니라 문제 해결이나 불안 요소를 없애는 데 효과적인 '몇 마디'를 건넬 수 있다.

Road to Executive

일류는
고객이 걱정과 불안을
덜 수 있도록 대답한다.

 고객이 불안해 하는 배경과 이유를 생각하자.

까다로운 고객에 대한 응대

삼류는 '다가가지 않고' 피하고
이류는 '적극적'으로 응대하려고 노력한다
일류는 어떻게 응대할까?

'접객이 좋다! 즐겁다!'라고 말하는 사람도 사람인지라 불만이 많은 고객이나 까다로운 고객을 응대하는 것이 마냥 좋을 리 없다.

나도 호감이 가는 고객을 대할 때는 즐겁지만 까다롭거나 다가가기 어려운 고객은 모든 신경이 곤두서기에 때로는 지친다. 실제로 그런 경험이 몇 번 있었다.

그래도 역시 '접객은 즐겁고 재미있다'고 생각한다.

왜냐하면 처음에는 대하기 어렵고 멀게 느껴졌던 고객이 언젠가 '마음의 경계를 푸는 높은 장벽이 허물어지는 순간'이 찾아오기 때문이다.

따라서 응대가 어려운 고객이라도 피하지 않고 해결하려는 마음가짐으로 임하는 것이 무엇보다 중요하다.

그렇다고 달라붙기식의 강압적인 접객은 때때로 고객을 불쾌하고 거북하게 만들 수 있다. '마음은 뜨겁게 머리는 차갑게'라는 말처럼 천천히 여유를 갖고 고객과 마주하는 것이 좋다.

<u>일단 눈앞의 고객에 대한 정보를 얻는 것이 중요하다.</u> 고객의 표정이나 태도를 살피고 불만이 있는지 없는지, 만일 불만이 있는 것 같다면 그 원인이 무엇인지를 파악한다.

때로는 화가 난 것 같아 보여도 몸이 좋지 않거나 여행으로 피로가 누적되어서 기분이 좋지 않은 경우도 있으니 귀찮게 여러 질문을 하거나 제안을 하지 않도록 주의해야 한다.

또한 시각을 통해서 정보를 얻은 다음에는 고객의 속도에 맞춰서 사소한 대화부터 천천히 시작하고 관계를 구축해 나간다.

예를 들어 탑승객에게 '오늘 아침에 몇 시에 일어나셨어요?'라고 물었더니 '조금 일찍 일어났더니 졸리군요'라는 대답이 돌아왔다고 하자.

'졸리다'라고 대답했으니 '기내식 서비스를 할 때 깨우지 않는 것이 나으실까요?'라며 고객이 식사보다 수면을 우선하길 원하는지를 확인한다.

즉 고객에게 어떤 서비스를 하는 것이 최고의 쾌적성을 제공할 수 있는지를 생각하는 것이다.

살짝 다른 이야기지만 예전에 파리행 일등석에 부부 한 쌍이 탑승한 적이 있다. 나는 부부가 기내식과 와인을 즐기길 바라는 마음에 '아직 식사를 하지 않으셨는데 가져다드릴까요?'라고 물었다. 하지만 부부는 '물(페리에)만 주세요'라고 답할 뿐이었다. 정말로 물만 마셔도 괜찮은지 내심 불안하고 걱정스러웠다.

실제로 부부는 물만 한 모금 마시고 영화도 보지 않은 채 곧바로 휴식을 취했다. 그 모습을 보고 나는 부부의 바람은 '일단 기내에서 자고 싶다'라는 것을 깨달았다. 물론 이 부부는 시종일관 부드러운 미소로 대해줬고 결코 응대하기 어려운 탑승객은 아니었다.

'고객이 원하는 것이 무엇인지 알고 그것을 제일 우선시한다. 접객하는 사람의 접객 스타일이나 가치관을 강요하지 말자'라는 의미에서 소개한 일화다.

자, 본론으로 다시 돌아와서 다가가기 어렵거나 까다로운 고객도 마찬가지다. 고객이 그렇게 행동하는 데는 반드시 이유가 있다. 마음의 문을 닫은 이유를 추측해 보고 고객의 속도에 맞는 대화로 이유를 알아내는 것이 중요하다. 이런 과정이 고객과의 마음의 거리를 좁히고 메우는 계기가 될 것이다.

일류는 '고객의 차가운 마음이 녹아내리고 갑자기 입가에 따뜻한 미소가 번지는 순간'과 마주했을 때의 황홀함을 안다. 그리고 어렵고 까다로운 접객이야말로 프로로서 자신의 실력을 마음껏 발휘할 수 있는 기회라고 생각한다.

Road to Executive

> **일류는
> 일단 고객을
> 관찰한다.**

 고객의 바람과 요구가 무엇인지를 파헤치자.

문제의 싹

삼류는 스트레스 사인을 '놓치고'
이류는 스트레스 사인을 '지켜본다'
일류는 어떻게 할까?

접객 직원은 고객과 고객 사이의 사소한 문제가 큰 문제로 번지지 않도록 재빨리 그 싹을 제거해야 한다.

일단 문제로 번지기 바로 전 단계에 고객이 보내는 '스트레스 사인'이 있다.

여러 명이서 한 공간을 공유하면 아무래도 타인에게 스트레스를 받는 고객이 생기기 마련이다. 서로 공공장소에서 지켜야 할 매너와 도덕성을 지켜주면 좋겠지만 그 기준과 가치관이 동일하지 않은 것이 문제다.

따라서 접객 직원은 질서를 유지하기 위해서 최선을 다해야 한다.

공간에 여러 사람이 있을 때에 스트레스를 느끼는 고객은 대부분 다음과 같은 사인을 보낸다.

- 여러 번 뒤돌아보면서 동일 인물을 째려본다.
- 물건으로 스트레스나 화를 푸느라 큰 소리를 낸다.
- 혀를 찬다.
- 접객 직원에게 불안한 태도를 보인다.
- 여러 번 접객 직원을 부른다.

고객 중에는 자신이 보내는 사인을 알아차리고 직원이 다른 고객에게 조심해 달라고 말해주는 행동만으로 불쾌함이나 스트레스가 풀리는 사람도 있다.

이와 반대로 자신의 사인을 아무도 알아주지 않는 상황이면 더욱 심각한 스트레스를 받고 애꿎은 직원에게 화풀이를 하는 사람도 있다.

가끔 직원이 고객의 사인을 알아차렸는데도 다른 고객과 마찬가지로 그 모습을 바라보기만 하는 경우도 목격하곤 하는데 솔직히 누가 불만이 가득하거나 화가 난 사람에게 가까이 다가가고 싶겠는가? 하지만 접객 직원은 '질서 유지'도 자신의 일이라고 생각하고 개선하려는 노력을 다해야 한다. 이 점을 잊어서는 안 된다.

어떻게 해야 할지 모르겠다고 말하는 직원도 이해는 가지만 접객의 프로로서 한발 앞선 응대를 해야 한다.

일류는 큰 문제로 번지기 전에 고객이 보내는 '스트레스 사인'을 놓쳐서는 안 된다는 것을 염두에 두고 일한다.

그리고 고객의 스트레스가 큰 분노로 변질되기 전에 '무슨 일이 있으신가요?', '불편한 점은 없으신가요?'라고 말을 걸거나 스트레스의 원인이 되는 싹을 제거하는 등 상황을 해결하기 위해서 모든 지혜와 수단을 총동원한다.

Road to Executive

일류는
고객의 사인을 알아차리고
말을 건다.

 큰 문제로 번지기 전에 해결의 길로 이끌자.

고객 사이의 문제

삼류는 '무관심'으로 가장하고
이류는 어느 쪽이 맞는지 '판정'을 내린다
일류는 어떻게 할까?

물리적으로 모든 고객의 행동을 살피기 어려운 상황에서 고객 사이에 문제가 발생하는 경우가 종종 있다. 고객 당사자끼리 해결하는 것이 제일 좋지만 '치켜든 주먹을 내리기란 쉽지 않다'는 말처럼 어렵다.

솔직한 심정으로 고객 사이의 문제를 중재하는 일은 되도록 피하고 싶다. 하지만 접객의 프로다운 면모와 각오가 시험대에 오르는 순간이기도 하므로 무관심으로 일관하지 말고 다른 고객의 쾌적성 유지를 위해서라도 재빨리 해결로 이끌어내야 한다.

다만 이때 조심해야 할 것이 있다. 정의감에 불타올라 '어느 쪽이 옳은지', '어느 쪽이 그른지'를 판가름하는 행동은 오히려 문제를 크게 키울 수 있으니 경계해야 한다. 법에 저촉되는 일이거나 비인도적인 일이 아닌 이상 기본적으로 '중립의 입장'을 지키는 것이 좋다.

일화를 하나 소개하겠다. 좌석 리크라이닝에 얽힌 문제였다.

비행 도중에 중년의 여성 탑승객이 불러서 좌석으로 찾아갔더니 '좌석 등받이를 뒤로 젖혔더니 뒤에 앉은 젊은 사람이 등받이를 발로 차고 폭언을 했다'는 것이었다.

뒷좌석에 앉은 젊은 탑승객에게 사실을 확인하자 '뭐야? 이 할머니가!'라며 발로 찬 사실은 인정했다. 그런데 좀더 자세한 이야기를 들어보니 중년 여성이 말 한마디 없이 갑자기 등받이를 세차게 뒤로 젖혔다는 것이다. 물론 발로 등받이를 차거나 폭언을 한 행동은 문제가 있다. 하지만 개인적으로 젊은 탑승객이 어떤 심정이었을지 공감이 갔다.

솔직히 말해서 나는 나와 상식이 일치하는 고객의 편을 들어주고 싶다. 하지만 승무원의 일은 '옳고 그름을 판정하는 것' 아니라 '쾌적하고 안전한 공간을 유지하는 것'이라고 생각한다. 어느 한쪽 편을 드는 행동은 불에 기름을 끼얹는 것과 마찬가지다.

그래서 나는 두 탑승객에게 불편을 끼치게 된 점을 사과하고 다음과 같이 당부했다.

- 좌석 등받이를 젖힐 때는 뒷좌석에 앉은 사람에게 미리 양해를 구할 것
- 좌석 등받이를 발로 차거나 폭언은 하지 않을 것

일류는 고객 사이의 문제를 해결하기 위해서 원칙적으로 중립의 입장을 고수한다.

그리고 양쪽이 서로 한발 물러서서 사과할 수 있는 환경을 조성하려고 노력한다.

이를 위해서 '저희가 ○○했더라면 이런 일은 일어나지 않았을 텐데 정말 죄송합니다'라고 사과하거나 '좀더 빨리 저희가 알아차렸어야 했는데 대단히 죄송합니다. 저희의 불찰입니다'라고 문제의 원인을 '일부러 자신에게 향하도록' 하기도 한다.

다른 고객과의 문제로 화가 나거나 불쾌한 고객에게 정론(正論)을 들이대서는 문제를 해결할 수 없다. 일단 고객이 이성을 되찾을 수 있도록 '저희의 사과를 봐서라도 모쪼록 원만하게 풀기를 바란다'라는 간절한 마음을 담아서 사과한다.

이렇게 대처하는 가장 큰 목적은 교양 있는 다른 고객의 쾌적성을 지키기 위해서다.

오해의 소지가 없도록 덧붙이는데 법에 저촉되는 언행이 있었다면 당연히 의연한 대처가 필요하다. '고객'이라는 틀을 넘어선 것이기 때문이다. 어디까지나 법에 저촉되지 않는 범위 내의 작은 문제 해결의 사례로 참고하길 바란다.

Road to Executive

일류는
기본적으로 중립의 입장을
유지한다.

해결하기 어려운 경우는 문제 원인을
자신에게 향하도록 하는 방법도 고려해 보자.

고객에게 '민폐'라고 전할 때

삼류는 직설적으로 '민폐'라고 말하고
　이류는 '죄송하지만…'이라며 메시지를 전달한다
　　일류는 어떻게 전할까?

　매장을 전세 낸 경우라면 여러 고객이 비교적 자유롭게 이용할 수 있도록 통제하지 않아도 괜찮다. 큰 소리로 이야기를 나눠도 다소 매너 없는 행동을 보여도 그것을 '불쾌하다'고 느끼는 사람이 없으므로 접객하는 직원도 신경을 곤두세우지 않아도 된다.

　하지만 앞에서도 언급했듯이 현실에서는 여러 명이 한 공간을 공유하는 경우가 더 많다.
　예를 들어 식음을 하는 장소에서 아기 기저귀를 교환하는 고객이나 다른 고객의 눈살을 찌푸리게 할 정도로 시끄러운 단체 고객 등…
　이렇게 다른 고객의 쾌적성을 방해하는 경우에는 접객 직원이 통제에 나서야 한다.

이때 직설적으로 '다른 고객에게 피해를 주고 있다'라고 말하는 행동이 틀린 것은 아니지만 '접객'이라는 관점에서 봤을 때 한 단계 수준 높은 요령이 필요하다.

일류는 '고객에게 창피를 주지 않는다'를 항상 염두에 둔다.
예를 들어 직설적인 표현을 부드럽게 포장하기 위해서 '죄송합니다만…'이라는 완충제를 덧붙여도 그 뒤에 나오는 말이 '당신의 행동은 다른 사람에게 피해를 준다'라는 내용이면 아무런 의미가 없다.
일류라면 고객에게 부정적인 말을 사용하기보다 '당신의 협력이 필요하다. 협력해 주길 바란다'라는 내용이어야 나중에 감정이 상하는 일이 적다.

사람은 누구나 명령을 받으면 반발심이 생긴다. 그래서 일류는 '○○해 주세요', '그만 하세요'라는 말을 쓰지 않는다.
고객과의 거리를 좁히면서 '○○해 주실 수 있을까요?'라고 부탁하고 고객이 '명령을 받은 것이 아니라 스스로 협력하는 것을 택했다'라는 의식의 흐름을 만든다. 그리고 부탁을 들어줬다면 그 점에 대해서 '협력해 주셔서 대단히 감사합니다'라고 감사의 말을 덧붙인다.
예를 들어 아기 엄마가 좌석에서 기저귀를 교환하는 모습을 발견했다면 '도와드릴 일이 없을까요? ○○○로 안내해드리겠습니다'와 같이 '기저귀를 교환하기에 적합한 장소'를 대화 속에 넌지시 끼워 넣어서 올바른 행동이 무엇인지를 알아차릴 수 있게 한다.

또한 친구끼리 한창 수다를 떠느라 자신들이 얼마나 시끄러운지 자각하지 못하는 단체 고객이 있다면 '오늘은 무슨 모임이신가요? 무척 즐거워 보이시네요'라고 말을 건네고 고객에게 공감을 표현하면서 거리를 좁혀서 고객의 입에서 '어머, 저희가 시끄러웠나 봅니다'라는 말을 끌어내는 등 기분 좋게 협력할 수 있는 토대를 만든다.

그리고 고객의 입에서 원하는 말이 나왔다면 '마침 다른 고객님들께서 휴식을 취하는 시간인가 봅니다. 한창 즐거우신데 신경 쓰이게 해드려서 대단히 죄송합니다'라며 화답한다.

<mark>고객에게 창피를 주지 않고 기분 좋게 협력을 얻어내는 것이다.</mark> 이것이 매우 중요하다.

또한 이런 행동은 빠르면 빠를수록 좋다. 왜냐하면 다른 고객으로 인해서 불쾌한 고객은 직원이 신속하게 해결해 주길 바라기 때문이다.

불안, 불쾌, 불편 등 부정적인 기분은 시간이 지나면 지날수록 점점 커진다. 따라서 문제를 해결하기 위해서 열심히 움직이고 있다는 것을 고객이 알 수 있도록 신속하게 대처하는 것이 바람직하다.

Road to Executive

일류는
고객에게 '협력해 주길
바란다'라고 말한다.

 공감을 표현하고 상황을 설명한 후에 협력을 부탁하자.

'꾸밈없는 자신의 모습'을 드러내는 방법

삼류는 '감정 그대로' 자신의 본모습을 드러내고
이류는 '친근함을 담아서' 드러낸다
일류는 어떻게 드러내는가?

접객 종사자 중에 감정이 가는 대로, 자신이 좋을 대로 거짓 없이 접객을 한다며 '꾸밈없는 자신의 모습'과 '사적인 모습(OFF)'을 혼동하기도 하는데, 이는 어떻게 보면 자연스러운 일일지도 모른다. 하지만 그것이 고객의 바람과 일치하지 않는다면 고객의 눈에는 근무 태만으로밖에 보이지 않는다.

또한 '꾸밈없는 모습'과 '친근함'을 자칫해서 혼동하면 고객에게 무례한 인상을 줄 수도 있다.

따라서 접객 종사자는 상대방이 '고객'이라는 점을 절대로 잊어서는 안 된다.

사적인 선을 넘어서 하지 않아도 될 말을 하거나 필요 이상으로 친근한 말투를 구사하거나 친근함을 가장한 강요는 고객의 눈에 '선을 넘었다', '고객과의 적정한 거리를 지키지 않는다'라고 비춰질 수 있다.

　일류는 고객에 대한 감사와 경의를 잊지 않는다. 그리고 이런 생각을 마음속에만 담아두고 '말과 행동'으로 보이지 않으면 고객에게 전달되지 않는다는 것도 잘 알고 있다. 그래서 자신의 말과 행동에 세심한 주의를 기울인다.
　또한 고객과 함께 시간을 보내면서 '꾸밈없는 자신의 모습'으로 대하는 편이 신뢰 관계를 구축할 수 있다는 판단이 섰을 때만 그런 모습을 보여준다.
　예를 들어 자녀를 동반한 탑승객에게는 승무원이 아니라 자신도 자녀를 키우는 엄마라고 말하고 육아에 얽힌 일화로 이야기의 꽃을 피우며 탑승객을 안심시킨다.
　또는 탑승객과 대화를 나누다가 같은 고향 사람인 것을 알았다면 고향에 관한 이야기로 더욱 즐겁게 대화를 나눈다.

　나도 예전에 탑승객이 나의 실수를 웃으면서 넘겨줬을 때 덜렁대는 성격이라고 털어놓은 적이 있다. 농담을 좋아하는 탑승객에게는 공적으로 허용되는 범위 내에서 '꾸밈없는 있는 그대로의 모습'을 보이며 농담을 던진 적도 있다.
　다만 이때 허용 범위의 경계선은 사람마다 다르므로 '고객의 반응을 살피는 것'이 중요하다.

만일 농담을 주고받는 것을 좋아하는 고객이라면 더 재미있는 농담을 던져줄 것이다. 또는 '자네 참 웃기는군!'이라며 직접적인 표현으로 받아줄 수도 있다. 그리고 대화가 무르익었을 때 고객이 '여기가 재미있는 포인트다'라는 뉘앙스를 풍기면 놓치지 않고 반응한다.

접객을 하는 사람과 접객을 받는 사람이다. 물론 둘 사이에 넘지 말아야 하는 선과 거리가 있고 이는 반드시 지켜야 한다. 하지만 고객과 나누는 농담은 정말로 즐겁다.

'개인 대 개인'의 관계에 긍정적인 의미에서 자신의 '꾸밈없는 모습'을 보여주면 고객과의 친밀감을 높일 수 있다.

나는 유머 센스도 일류 접객의 조건 중 하나라고 생각한다.

일류는 접객을 연기하는 것이 아니라 '고객의 기대에 부응한다'라는 관점에서 서비스를 한다. '서비스가 좋았다', '이용하게 되어서 좋았다'라는 만족감을 고객에게 선물하고 싶은 것이다. 일류의 마음속에는 항상 이런 생각이 자리하고 있다.

또한 '꾸밈없는 자신의 모습'을 보여줄 때도 결코 '있는 그대로'를 비약해서 해석하지 않는다. 그것이 고객에게 어떻게 비칠지를 그 순간 재빠르게 판단한다.

Road to Executive

일류는 고객에게 도움이 될 때만 꾸밈없는 자신의 모습을 드러낸다.

 상대방에게 안심을 줄 수 있는 본모습을 보이자.

고객의 '괜찮다'는 말에 대한 대처

삼류는 '액면 그대로'를 받아들이고
이류는 말의 '겉과 속'을 파악한다
일류는 어떻게 할까?

자신이 무엇을 원하는지 명확하게 표현하는 고객이 있는가 하면 속마음은 다른데 '괜찮다'라고 말하는 고객도 있다.

예를 들어 직원이 실수를 저질렀고 사과를 했는데 고객이 '괜찮다'라고 말했다고 하자. 이때 일차원적으로 고객의 대답을 그대로 받아들이고 문제가 원만하게 해결됐다며 마무리한다면 어떻게 될까? 물론 별문제 없이 넘어가는 경우도 있다. 그런데 시기상조인 경우가 종종 발생한다.

또한 몸이 불편한 장애인 고객이나 자녀를 동반한 고객, 몸 상태가 좋지 않은 고객 등이 있어서 도와주겠다고 말하면 '괜찮다'라며 거절하는 경우도 적지 않다.

이때 고객의 대답이 진심인지 아니면 접객 직원을 귀찮게 할지도 모른다는 미안함에서 나온 '거절 아닌 거절'인지 세심하게 파악해야 한다.

정말로 '괜찮은 경우'는 나중에 가끔씩 고객의 상황을 살펴보면 된다. 하지만 입으로는 '괜찮다'라고 말했어도 실은 사소한 불만이나 서운한 감정을 갖고 있는 경우도 있으니 주의해야 한다.

일류는 고객의 '괜찮다'라는 말을 그대로 받아들이지 않는다. 고객의 목소리 톤이나 표정, 고객의 눈을 바라보고 그것이 진심인지 아닌지를 파악하는 데 모든 정신을 집중한다.

그리고 고객의 속마음을 알았다면 고객이 그 기분을 망설임 없이 말로 표현할 수 있는 환경을 조성한다.

접객 종사자가 '알겠습니다'라고 대답하는 것 자체는 틀린 것도 아니고 나쁜 것도 아니다.

하지만 '알겠습니다'로 끝내지 말고 '지금은 괜찮으시겠지만 언제든 무슨 일이 있으면 말씀해 주세요'라는 취지의 안내나 '○○하실 때는 언제든 사양하지 마시고 불러주세요'라는 구체적인 제안을 한다. 그러면 고객도 안심하고 부탁을 해온다.

실제로 나는 '저희에게 맡겨주세요'라고 말한 적도 있고 의도적으로 친근하게 '그런 일이 있으시면 저희에게 기대주세요'라고 말했던 적도 있다.

이처럼 누군가에게 부탁하기 어려워하는 고객에게는 '폐를 끼쳐서 미안하다'라는 기분이 사라지도록 응대하는 것이 중요하다.

일류는 고객이 그런 기분을 느끼지 않도록 '고객에게 도움을 주는 것이 우리의 기쁨이다'를 느낄 수 있도록 응대한다.

'○○할 수 있도록 해주는 것은 민폐가 아니라 오히려 "기쁜 일"이다'라는 접객하는 사람의 생각이 고객에게 잘 전달되어야 고객은 망설이지 않고 솔직하게 자신의 속마음을 알려준다.

고객의 '괜찮다'가 진심인지 아닌지 살피는 것이다.

일류는 항상 자신의 오감을 총동원해서 깊은 통찰력을 발휘한다. 그리고 자신의 생각을 말에 담아서 고객에게 전달하는 데 게을리하지 않는다.

Road to Executive

일류는
고객의 '마음의 소리'를
끌어내서 해결로 이끈다.

 고객이 편하게 의지할 수 있도록
말 한마디를 덧붙여 보자.

마치며

　나의 경험에 비추어 '접객의 일류'에 대해서 설명해 봤는데 어떤가?
　'그래, 맞아. 역시!'라며 공감이 가는 부분이 있는가 하면 '아니야, 나라면 ○○하는 편이 나은 것 같아!'하는 부분도 있었을 것이다.

　부끄럽지만 자칭 '접객의 프로'로서 근무했을 당시 '이것이 정답이다'하는 접객 서비스는 없었다. 물론 경험을 쌓고 다양한 정보를 얻으며 매일 조금씩 발전하는 부분은 있었지만 그래도 역시 '이거면 문제없어!'라는 것은 없었고 시행착오와 자문자답으로 고군분투하는 나날이었다.

　그런 가운데 내가 확신할 수 있었던 것은
　'접객 종사자가 고객의 마음을 움직일 수 있는 것은 일에 임하는 자세'라는 점이다.

눈앞의 고객을 위해서 자신이 무엇을 할 수 있는지를 고민하는 자세 / 고객에 대한 감사와 존중의 자세 / 일에 대한 열정적인 자세 / 또한 고객의 행동에는 반드시 '이유가 있다'라는 관점에서 '왜? 어째서?'라며 관심과 흥미를 갖고 접객에 임하는 자세

나는 이런 자세를 갖추려고 무던히 노력하는 시간이 쌓이고 쌓여야 비로소 '일류 접객'이 가능하다고 생각한다.

'지금까지 나는 어떤 접객을 해왔는가?'
'앞으로 고객과 어떻게 마주할 것인가?'

이 책이 이 질문에 대한 답을 찾는 계기가 된다면 그보다 더한 기쁨은 없을 것이다. 끝까지 나와 동행해 준 여러분에게 깊은 감사의 인사를 전한다.

이 책을 선택해준 여러분과 여러분의 고객에게 행복한 추억이 생기길 간절히 바란다.

주식회사 GLITTER STAGE 대표이사

시치조 치에미(七條千惠美)

역자 소개 | 이지현

이화여자대학교 의류직물학과를 졸업하고 일본 여자대학교로 교환 유학을 다녀왔다. 이화여자대학교 통번역대학원 한일번역과를 졸업했다. 현재 엔터스코리아 일본어 번역가로 활동 중이다.

주요 역서로는 《영업의 신 100법칙》《100일을 디자인하라》《스틸》《부자의 관점》《세상의 이치를 터놓고 말하다》《Win의 거듭제곱》《하루 커피 세잔》《인생에서 가장 소중한 것은 서점에 있다》 등의 다수가 있다.

접객의 일류, 이류, 삼류

1판 1쇄 발행 2022년 3월 11일

지은이 시치조 치에미
옮긴이 이지현
발행인 최봉규

발행처 지상사(청홍)
등록번호 제2017-000075호
등록일자 2002. 8. 23.
주소 서울특별시 용산구 효창원로64길 6 일진빌딩 2층
우편번호 04317
전화번호 02)3453-6111, 팩시밀리 02)3452-1540
홈페이지 www.jisangsa.co.kr
이메일 jhj-9020@hanmail.net

ISBN 978-89-6502-312-8   03320

*잘못 만들어진 책은 구입처에서 교환해 드리며, 책값은 뒤표지에 있습니다.

주식 차트의 神신 100법칙

이시이 카츠토시 / 이정은

저자는 말한다. 이 책은 여러 책에 숟가락이나 얻으려고 쓴 책이 아니다. 사케다 신고가를 기본으로 실제 눈앞에 보이는 각 종목의 움직임과 조합을 바탕으로 언제 매매하여 이익을 얻을 것인지를 실시간 동향을 설명하며 매매전법을 통해 생각해 보고자 한다.

값 16,000원 국판(148×210) 236쪽
ISBN 978-89-6502-299-2 2021/2 발행

자산이 늘어나는 주식투자

나가타 준지 / 이정미

투자 공부는 어려워서 무엇부터 배워야 할지 모르겠다며 뒷걸음치는 사람들이 있다. 확실히 투자는 학교에서 가르쳐 주지도 않고, 전문용어도 많아서 기억하는 것만 해도 큰일이다. 하지만 주식투자만으로 생활비를 버는 프로들은 투자에서 승리하기 위해 매일 연구한다.

값 15,000원 국판(148×210) 208쪽
ISBN 978-89-6502-308-1 2022/1 발행

투자의 속성

오에 히데키 / 오시연

이 책은 투자의 원리원칙과 사람들이 쉽게 빠지는 착각을 짚어보려고 쓰였다. 여기서는 주식 차트를 보는 법이나 기업분석 방법을 거의 다루지 않았다. 그런 책은 서점에 가면 얼마든지 있기 때문이다. 하지만 투자의 본질을 쉽게 풀어쓴 책은 좀처럼 찾아볼 수 없다.

값 16,000원 국판(148×210) 240쪽
ISBN 978-89-6502-309-8 2022/1 발행

주식 데이트레이딩의 神신 100법칙

이시이 카츠토시 / 이정미

옛날 장사에 비유하면 아침에 싼 곳에서 사서 하루 안에 팔아치우는 장사다. '오버나잇' 즉 그날의 자금을 주식 시장에 남기는 일을 하지 않는다. 다음 날은 다시 그날의 기회가 가장 큰 종목을 선택해서 승부한다. 이제 개인 투자자 대다수가 실시하는 투자 스타일일 것이다.

값 16,000원 국판(148×210) 248쪽
ISBN 978-89-6502-307-4 2021/10 발행

주식의 神신 100법칙

이시이 카츠토시 / 오시연

당신은 주식 투자를 해서 좋은 성과가 나고 있는가? 서점에 가보면 '주식 투자로 1억을 벌었느니 2억을 벌었느니' 하는 책이 넘쳐나는데, 실상은 어떨까? 실력보다는 운이 좋아서 성공했으리라고 생각되는 책도 꽤 많다. 골프 경기에서 홀인원을 하고 주식 투자로 대박을 낸다.

값 15,500원 국판(148×210) 232쪽
ISBN 978-89-6502-293-0 2020/9 발행

세력주의 神신 100법칙

이시이 카츠토시 / 전종훈

이 책을 읽는 사람이라면 아마도 '1년에 20%, 30%의 수익'이 목표는 아닐 것이다. '짧은 기간에 자금을 10배로 불리고, 그걸 또 10배로 만든다.' 이런 '계획'을 가지고 투자에 임하고 있을 것이다. 큰 이익을 얻으려면 '소형주'가 안성맞춤이다. 우량 종목은 실적이 좋으면 주가 상승을…

값 16,000원 국판(148×210) 240쪽
ISBN 978-89-6502-305-0 2021/9 발행

영업은 대본이 9할

가가타 히로유키 / 정지영

이 책에서 전달하는 것은 영업 교육의 전문가인 저자가 대본 영업 세미나에서 가르치고 있는 영업의 핵심, 즉 영업 대본을 작성하고 다듬는 지식이다. 대본이란 '구매 심리를 토대로 고객이 갖고 싶다고 "느끼는 마음"을 자연히 끌어내는 상담의 각본'을 말한다.

값 15,800원 국판(148×210) 237쪽
ISBN 978-89-6502-295-4 2020/12 발행

영업의 神신 100법칙

하야카와 마사루 / 이지현

인생의 고난과 역경을 극복하기 위해서는 '강인함'이 반드시 필요하다. 내면에 숨겨진 '독기'와도 같은 '절대 흔들리지 않는 용맹스러운 강인함'이 있어야 비로소 질척거리지 않는 온화한 자태를 뽐낼 수 있고, '부처'와 같은 평온한 미소로 침착하게 행동하는 100법칙이다.

값 14,700원 국판(148×210) 232쪽
ISBN 978-89-6502-287-9 2019/5 발행

리더의 神신 100법칙

하야카와 마사루 / 김진연

리더기 다른 우수한 팀을 맡게 되있다. 히지만 그 팀이 생산성은 틀림없이 떨어진다. 새로운 다른 문제로 고민에 휩싸일 것이 뻔하기 때문이다. 그런데 이번에는 팀 멤버를 탓하지 않고 자기 '능력이 부족해서'라며 언뜻 보기에 깨끗하게 인정하는 듯한 발언을 하는 리더도 있다.

값 15,000원 국판(148×210) 228쪽
ISBN 978-89-6502-292-3 2020/8 발행

경매 교과서

설마 안정일

저자가 기초반 강의할 때 사용하는 피피티 자료랑 제본해서 나눠준 교재를 정리해서 정식 책으로 출간하게 됐다. A4 용지에 제본해서 나눠준 교재를 정식 책으로 출간해 보니 감회가 새롭다. 지난 16년간 경매를 하면서 또는 교육을 하면서 여러분에게 꼭 하고 싶었던…

값 17,000원 사륙배판(188×257) 203쪽
ISBN 978-89-6502-300-5 2021/3 발행

생생 경매 성공기 2.0

안정일(설마) 김민주

이런 속담이 있죠? '12가지 재주 가진 놈이 저녁거리 간 데 없다.' 그런데 이런 속담도 있더라고요. '토끼도 세 굴을 판다.' 저는 처음부터 경매로 시작했지만, 그렇다고 지금껏 경매만 고집하지는 않습니다. 경매로 시작했다가 급매물도 잡고, 수요 예측을 해서 차액도 남기고…

값 19,500원 신국판(153×224) 404쪽
ISBN 978-89-6502-291-6 2020/3 발행

설마와 함께 경매에 빠진 사람들

안정일 김민주

경기의 호황이나 불황에 상관없이 경매는 현재 시장의 시세를 반영해서 입찰가와 매매가가 결정된다. 시장이 나쁘면 그만큼 낙찰 가격도 낮아지고, 매매가도 낮아진다. 결국 경매를 통해 수익을 얻는다는 이치는 똑같아 진다. 그래서 경매를 잘하기 위해서는…

값 16,800원 신국판(153×224) 272쪽
ISBN 978-89-6502-183-4 2014/10 발행

주식투자 1년차 교과서

다카하시 요시유키 / 이정미

오랫동안 투자를 해온 사람 중에는 지식이 풍부한 사람들이 있다. 그러나 아쉽게도 지식이 풍부한 것과 투자에 성공하는 것은 서로 다른 이야기다. 투자에서는 '잘 안다'와 '잘 한다' 사이에 높은 벽이 있다. 이 책에서는 '잘할' 수 있도록, 풍부한 사례를 소개하는 등 노력하고 있다.

값 15,800원 국판(148×210) 224쪽
ISBN 978-89-6502-303-6 2021/5 발행

월급쟁이 초보 주식투자 1일 3분

하야시 료 / 고바야시 마사히로 / 노경아

무엇이든 시작하지 않으면 현실을 바꿀 수 없다는 것을 깨닫고 회사 업무를 충실히 수행하면서 주식을 공부해야겠다고 결심했다. 물론 주식에 대한 지식도 경험도 전혀 없어 밑바닥에서부터 시작해야 했지만. 주식 강의를 듣고 성과를 내는 학생들도 많았으므로 좋은 자극을 받았다.

값 12,700원 사륙판(128×188) 176쪽
ISBN 978-89-6502-302-9 2021/4 발행

텐배거 입문

니시노 다다스 / 오시연

틈새시장에서 점유율 1위인 기업, 앞으로 높이 평가받을 만한 신흥기업을 찾아내 투자하는 것이 특기였다. 그 결과 여러 번 '안타'를 칠 수 있었다. 10배 이상의 수익을 거두는 이른바 '텐배거' 종목, 즉 '만루 홈런'은 1년에 한 번 있을까 말까다. 하지만 두세 배의 수익을 내는 주식…

값 16,000원 국판(148×210) 256쪽
ISBN 978-89-6502-306-7 2021/10 발행

외로움은 통증이다

오광조

몇 해 전 영국에서 외로움 담당 장관을 임명할 정도로 외로움은 이제 국가 차원의 문제가 되었다. 이 책은 여러분처럼 외로운 시대를 사는 누군가의 외로움과 고독에 대해 생각하고 정리한 내용이다. 부디 여러분의 고민에 조금이라도 도움이 되기를 바란다.

값 15,700원 신국판(153×225) 245쪽
ISBN 978-89-6502-297-8 2021/1 발행

꾸준함으로 유혹하라

유송자

단기간에 MDRT회원이 되었다. 꿈 너머 꿈이라고 했던가. 목표 넘어 목표라고 했던가. 100주 만 해보자 하고 시작했던 것이 700주를 넘겼고 1,550주를 향해 달려가고 있다. 뿐만 아니라 2008년 첫 MDRT회원이 되어 14년을 유지해 종신회원이 되었다.

값 16,000원 국판(148×210) 248쪽
ISBN 978-89-6502-304-3 2021/7 발행

통계학 超초 입문

다카하시 요이치 / 오시연

젊은 세대가 앞으로 '무엇을 배워야 하느냐'고 묻는다면 저자는 다음 3가지를 꼽았다. 바로 어학과 회계학, 수학이다. 특히 요즘은 수학 중에서도 '통계학'이 주목받는 추세다. 인터넷 활용이 당연시된 이 시대에 방대한 자료를 수집하기란 식은 죽 먹기이지만…

값 13,700원 국판(148×210) 184쪽
ISBN 978-89-6502-289-3 2020/1 발행

세상에서 가장 쉬운 통계학 입문

고지마 히로유키 / 박주영

이 책은 복잡한 공식과 기호는 하나도 사용하지 않고 사칙연산과 제곱, 루트 등 중학교 기초수학만으로 통계학의 기초를 확실히 잡아준다. 마케팅을 위한 데이터 분석, 금융상품의 리스크와 수익률 분석, 주식과 환율의 변동률 분석 등 쏟아지는 데이터…

값 12,800원 신국판(153×224) 240쪽
ISBN 978-89-90994-00-4 2009/12 발행

세상에서 가장 쉬운 베이즈통계학 입문

고지마 히로유키 / 장은정

베이즈통계는 인터넷의 보급과 맞물려 비즈니스에 활용되고 있다. 인터넷에서는 고객의 구매 행동이나 검색 행동 이력이 자동으로 수집되는데, 그로부터 고객의 '타입'을 추정하려면 전통적인 통계학보다 베이즈통계를 활용하는 편이 압도적으로 뛰어나기 때문이다.

값 15,500원 신국판(153×224) 300쪽
ISBN 978-89-6502-271-8 2017/4 발행

만화로 아주 쉽게 배우는 통계학

고지마 히로유키 / 오시연

비즈니스에서 동계학은 필수 항목으로 자리 잡았다. 그 배경에는 시장 동향을 과학적으로 판단하기 위해 비즈니스에 마케팅 기법을 도입한 미국 기업들이 많다. 마케팅은 소비자의 선호를 파악하는 것이 가장 중요하다. 마케터는 통계학을 이용하여 시장조사 한다.

값 15,000원 국판(148×210) 256쪽
ISBN 978-89-6502-281-7 2018/2 발행

대입-편입 논술 합격 답안 작성 핵심 요령 150

김태희

시험에서 합격하는 비결은 생각 밖으로 단순하다. 못난이들의 경합에서 이기려면, 시험의 본질을 잘 알고서 그것에 맞게 올곧게 공부하는 것이다. 그러려면 평가자인 대학의 말을 귀담아들을 필요가 있다. 대학이 정부의 압력에도 불구하고 논술 시험을 고수하는 이유는….

값 22,000원 신국판(153×225) 360쪽
ISBN 978-89-6502-301-2 2021/2 발행

대입-편입 논술에 꼭 나오는 핵심 개념어 110

김태희

논술시험을 뚫고 그토록 바라는 대학에 들어가기 위해서는 논술 합격의 첫 번째 관문이자 핵심 해결 과제의 하나인 올바른 '개념화'의 능력이 필요하다. 이를 위해서는 관련한 최소한의 배경지식을 습득해야 하는데, 이는 거창한 그 무엇이 아니다. 논술시험에 임했을 때…

값 27,000원 신국판(153×225) 512쪽
ISBN 978-89-6502-296-1 2020/12 발행

독학 편입논술

김태희

이 책은 철저히 편입논술에 포커스를 맞췄다. 편입논술 합격을 위해 필요한 많은 것들을 꾹꾹 눌러 채워 넣었다. 전체 8장의 단원으로 구성되었지만, 굳이 순서대로 공부할 필요는 없다. 각 단원을 따로 공부하는데 불편함이 없도록, 겹겹이 그리고 자세히 설명했다.

값 45,500원 사륙배판(188×257) 528쪽
ISBN 978-89-6502-282-4 2018/5 발행